Ⓢ新潮新書

荻原博子
OGIWARA Hiroko

投資なんか、おやめなさい

733

新潮社

はじめに──それでも「投資」を選びますか？

いま、3大メガバンクをはじめとした金融機関が、生き残りをかけて、あなたを「投資」に誘い込もうとしています。

マイナス金利政策をはじめとする日本銀行の無謀ともいうべき金融政策で、銀行など多くの金融機関が運用難に陥り、真綿で首を絞められるように収益が悪化しています。多額の内部留保を抱えた企業には融資が難しく、住宅販売低迷で個人の新規ローンも増やせず、日銀の当座預金も封じられ、国債買いもままならない。そんな悪環境の中で、金融機関が利益を上げようと思ったら、個人の資産に食い込むしかない。

収益の悪化に苦しむ金融機関は、いま、生き残りをかけて個人をターゲットに、利ざやの稼げるカードローンや手数料が確実に手に入る投資商品の販売額を増やしています。

崖っぷちに追い込まれた金融機関のなりふり構わぬ攻勢にさらされているのは、お金の運用の知識に乏しい一般の消費者。そのため、銀行のカードローンも一因と見られる自己破産の申請件数が増加に転じ、販売手数料稼ぎのための投資商品はその数を倍増させています。最近、金融機関からの投資への誘いの電話が増えた気がするという人は多いと思いますが、こうした状況が背景にあります。

収益悪化地獄に陥りつつある金融機関が、一般の人たちを、収益性の高いローン地獄や投資地獄に追い込み、何とか利益を上げようとする最悪の構図が、いままさに展開されているのです。

特に狙われているのが、たっぷりと退職金を持ちながら投資に縁がなかった、人が良くて騙されやすい高齢者。そして、投資をしないと将来が危うくなるという思い込みで、時間がないのに不安に駆られながらも何かしようとしている働き盛りの世代。

そこにあるのは、日銀が金融機関を収益悪化に追い込み、起死回生のために金融機関が一般の人たちを収益性の高い投資商品で追い詰めていくという負の連鎖です。

２０１３年から２年で終わるはずだった日銀の金融緩和が２０１９年まで先延ばしされたことで、この負の連鎖は、終わりが見えないまま延々と続きそうです。それどころか、さらなる悪化の兆しさえ見えます。

そして、最後にババをつかむのは誰なのか？

バブル崩壊前の1990年には、自己破産の件数は約1万1000件程度でした。けれど、バブル崩壊後、件数は増加の一途を辿り、2003年には約24万2000件となりました。それをピークに自己破産件数は減少し続けましたが、ここにきてまた増え始めています。2016年には、13年ぶりに自己破産件数が上昇し、対前年比1・2％増の約6万5000件となりました。背景には、銀行のカードローン貸出の急拡大があると言われています。

カードローンについては、今後、様々な規制が入りそうですが、カードローン破綻の次に予想されるのは、投資商品破綻です。

2018年前後から、世界的な不況に突入するのではないかと言われています。これまで世界中で行われてきた金融緩和のツケで膨れあがった負債はバブルとなっている可能性が高く、これが弾けるのではないかと危惧されているのです。しかも、今まで世界経済を牽引してきた中国をはじめとした新興国家の経済にも陰りが見え始めています。

仮に、世界的な景気後退がやってきたら、日本が受ける打撃は、先進国中で最も大きなものになるでしょう。なぜなら、多くの国は金融緩和から引き締めに転じていてヨーロッパもアメリカも利上げを模索している中で、日本だけはまだまだ先のわからない金融緩和を続けているからです。金融緩和の最中にいる日本だけは、景気が後退する中で、利下げという打つ手を持てなくなっています。

そうでなくても、2020年、オリンピック閉幕と同時に日本経済には「オリンピックの崖」が待っています。そこで、「アベノミクス」という甘い夢は完全に崩壊し、デフレから脱却できないまま、日本経済は混迷していくことでしょう。

その時、大きなツケを払わされるのは、多くの財産を投資に振り向けてきた一般家庭。バブルの頃に、「家を買わないと、将来が不安だ」と煽っていた不動産業者の言葉が、いまの「投資をしないと、老後が不安だ」という言葉に重なるのは、私だけでしょうか。

金融機関も苦しい立場にありますが、本書はあえてすべての金融機関を敵に回し、「投資をするな」という趣旨で書きました。

「投資」という甘い香りの裏には、怖い落とし穴がたくさんあります。その落とし穴について、徹底的に解説したいと思います。

それでも、あなたは「投資」をしますか？

そんな、私からの問いを胸に、本書を読んでいただければ幸いです。

投資なんか、おやめなさい●目次

第2章　日銀の「マイナス金利」が、家計の資産を破壊する

第3章 こんなクズ商品には手を出すな

第4章 なぜ「個人年金」はダメか

第5章 投資の「常識」を疑おう

第1章　あなたは、騙されていませんか？

「外貨建て生命保険」の思わず「納得」しそうな誘いのテクニック

金融商品には「真実」をちりばめることで「嘘」を覆い隠しているものが多々あります。

「真実」で「嘘」を覆い隠している商品には、仕組みがわかりにくいものが多い。たとえば、儲かりそうに見えて多くの方が損をしているものに「外貨建ての金融商品」がありますが、これが２０１６年12月末には家計での保有額で50兆円を超えたというから驚きです。

なかでも人気なのが「外貨建て生命保険」。

最近、加入する人が増えているようで、先日なんと立て続けに2人の芸能人に、「外貨建て生命保険に入りました」と言われました。

誰がどんな保険に入ろうが、それは個人の判断なので、それについて私がどうこう言う立場にはありません。けれど、「なぜ入ったの？」と聞くと、「いま入らないと損だと思ったから」とのことでした。

2人がそう思った理由を聞いてみると、次の3つでした。

（理由1）日本の銀行ではほとんど利息がつかないが、この商品なら運用利回り3％以上。

（理由2）少子高齢化が進み日本の国力が衰えて円安になるので、外貨ならさらにおトク。

（理由3）保険は、1歳でも若いほうが保険料は安いので、すぐ入ったほうがいい。

もちろん、いずれも保険会社のセールストークの受け売りです。

確かに3つとも、保険や金融商品に詳しくない方なら、「そうなのか」と思ってしまいそうな理由。それで、2人とも「それなら、一刻も早く入ったほうがいい」と思ったと言います。

もしかしたら、今、これを読んだあなたも、同じように、この3つの理由を聞いて、どれか1つでも「そうか、そんなにメリットがあるなら、私も検討してみようかな」と思ったかもしれません。

まったくそうは思わなかったという方は、この章は読み飛ばして大丈夫です。けれど、この3つの魅力的（？）なお勧め理由に、すこしでも心が動いた方は、この章をじっくり読んで、この3つのメリットの裏側に潜む恐ろしい**【落とし穴】**について知っていただきたいと思います。

その前に、「外貨建て生命保険」という商品について知らないという方のために、簡単な商品説明をしましょう。

多くのみなさんが普通に入る生命保険は、日本円で保険料を払って、「いざという時」にはまとまったお金が支払われます。また満期の時には日本円で保険金や満期金をもらい、途中で解約したら、解約返戻金が戻るものもあります。

「いざという時」とは、死んだ時と病気や怪我で入院した時（保険によっては、通院で

も お金が出ます)。

生命保険は複雑に見えますが、ついている保障は２つ。１つは「死んだ時の保障」。もう１つは、「病気や怪我で入院した時の保障」。そして、この２つの保障は、基本的には掛け捨てです。途中で「お祝い金」が出たり、満期に保険金が出るものは、この２つの保障に貯蓄機能がプラスされているものです。

この生命保険の基本的な仕組みは同じですが、「外貨建て生命保険」は、保険料を日本円ではなく外貨で支払い、保険金や満期金を外貨でもらいます。なぜ、日本円でなくわざわざ外貨で保険料を払ったり保険金をもらうのかといえば、「**(理由１) 日本の銀行ではほとんど利息がつかないが、この商品なら運用利回り３％以上**」を実現したいからです。

ご存知のように、今の日本円では銀行に預けてもほとんど利息がつきません。けれど、外貨で運用すれば、３％の運用利回りを確保できるのです。

「日本は利息ゼロだが、この商品は運用利回り3％以上」は本当か？

「外貨建て生命保険」が、日本円でなくわざわざ外貨で保険料を払ったり保険金をもらったりするのは、低金利の日本と違って金利が高い外国の通貨なら、高い金利で運用できるからです。

現在、日本の10年国債の金利は0・05％ですが、アメリカの10年国債の金利は2・3％。誰が見ても、アメリカ国債のほうが金利は高くなっています。しかも、国債は長期になればなるほど金利が上がり、アメリカの30年国債だと、3％の金利がついています（2017年5月15日現在）。

生命保険は、短期で売り買いするものではなく、長期でお金を預けるので、保険会社は、保険に加入させると同時に、アメリカの3％の30年国債を買えば、アメリカが破綻しない限り確実に保険を30年間は3％で運用できます。ですから、3％の運用利回りを約束しても損が出ることはありません。

つまり、「この商品なら運用利回り3％以上」は、本当にできるのです。

では、「日本の銀行ではほとんど利息がつかない」というのは、どうでしょうか。これは、誰もがよく知っているように、日本の銀行では、お金を預けても、預けたお金がほとんど増えません。多くの銀行では、すでに普通預金の金利が0・001％になっているので、10万円以下だと預けても1年で1円の利息もつきません。さらに利息には約20％の税金も発生します。

ですから、「日本の銀行ではほとんど利息がつかない」というのも、本当のことです。だとすれば、「**（理由1）日本の銀行ではほとんど利息がつかないが、この商品なら運用利回り3％以上**」というのは、本当のことではないかと思う方もおられるでしょう。けれど、それは間違いです。

実は、ここには、見落としがちな「5つの落とし穴」があります。

まず、1つ目の落とし穴から見てみましょう。

【落とし穴1】「真実」+「真実」が、嘘になる

「**日本の銀行ではほとんど利息がつかない**」というのは「真実」です。「**この商品なら運用利回り3％以上**」というのも「真実」です。両方とも「真実」なので、多くの人は

「日本の銀行ではほとんど利息がつかないが、この商品なら運用利回り3％以上」ということも、本当のことだと思ってしまう。

けれど、ここにまず第一の落とし穴があります。それは、「真実」＋「真実」が、必ずしも「真実」になるとは限らないということです。

なぜかといえば、**「日本の銀行ではほとんど利息がつかない」**というのは、「預金」の話です。もう1つの、**「この商品なら運用利回り3％以上」**というのは、「生命保険」の話です。そして、「預金」と「生命保険」は、同じ商品設計ではありません。

保険を扱う人なら誰もが知っている「貯金」と「保険」の違いを端的に示した言葉があります。それは、「貯金は三角、保険は四角」という言葉。「貯金」は、コツコツと積み立てていくケースが多いので右肩あがりにお金が貯まって増えていく。例えば月々1万円ずつ積み立てていくと、綺麗な三角形状になります（次ページの図1、グレーの部分）。

「貯金」がたくさんある人は、事故や病気、災害にあっても、その後の生活費に困るということは経済面ではないでしょう。

ただ、事故や病気、災害などは、いつやってくるかわかりません。「貯金」が充分に

図1　貯金の概念図

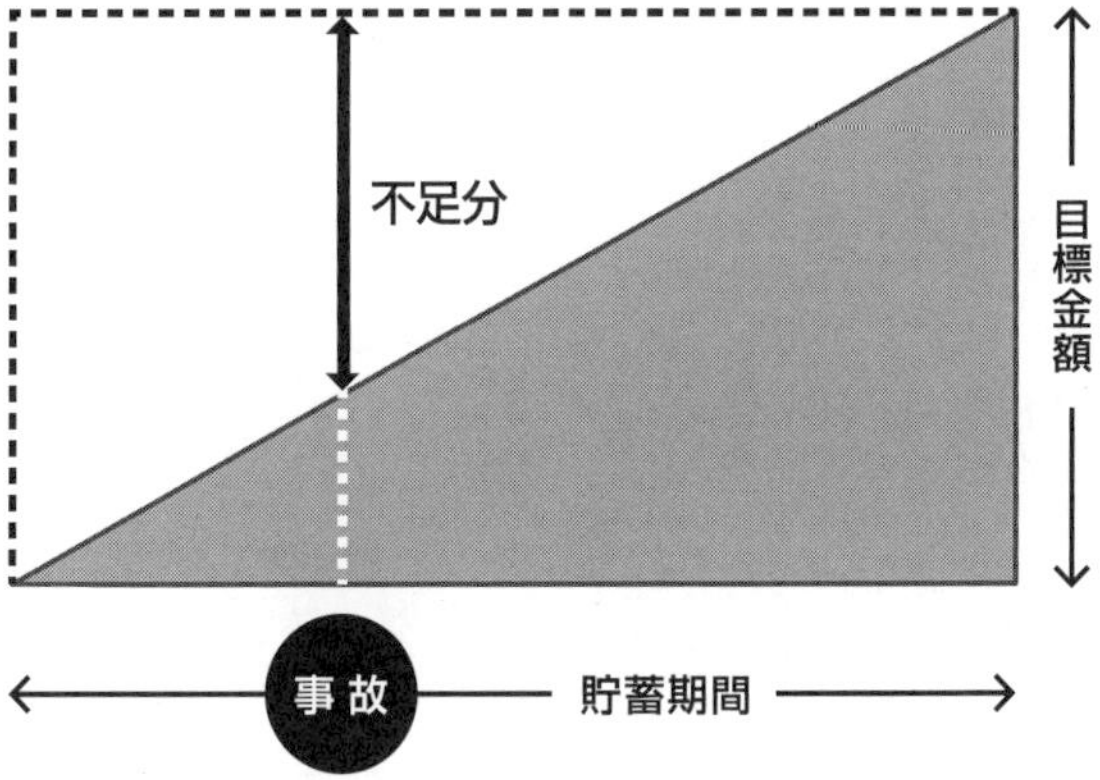

図2　保険の概念図

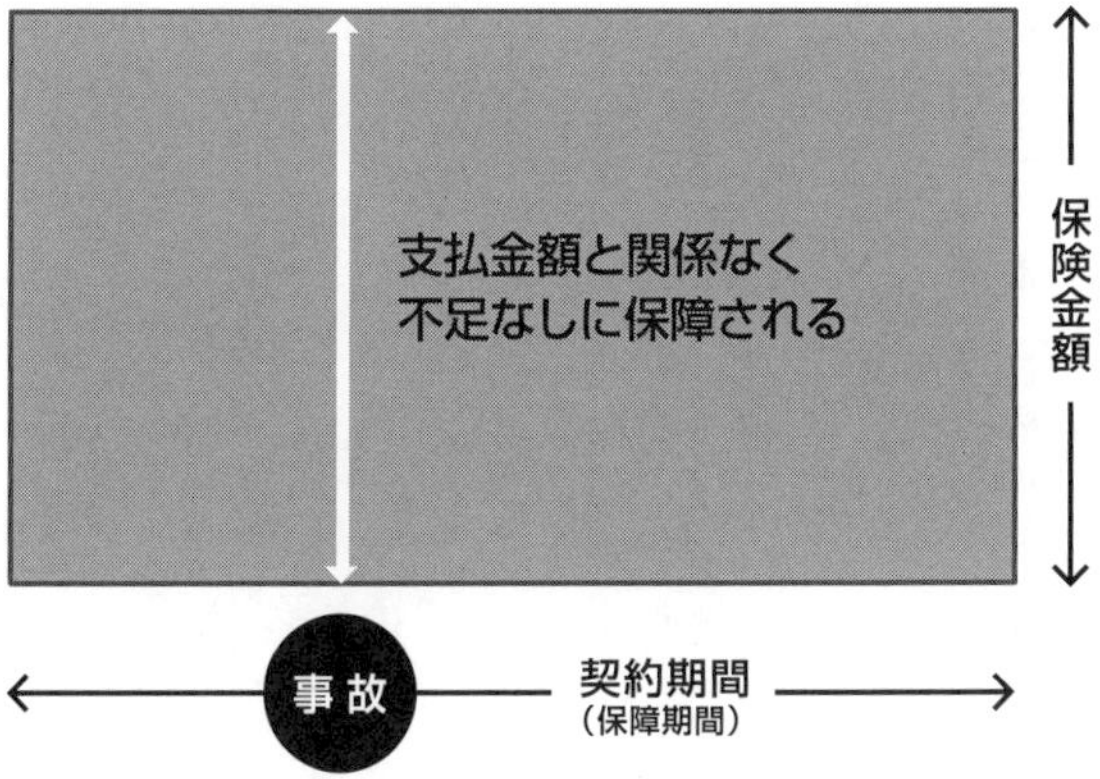

貯まる前に不幸な目に遭遇してしまうと、生活が成り立たなくなるかもしれません。そこで必要とされるのが、「保険」です。

「保険」は、加入した時から、イザという時には一定の保険金が支払われるようになっています。「貯金」だと、1万円ずつ積み立てると1年後には12万円にしかなりません。ですから、積み立てている人が死亡しても戻ってくるのは、積み立てた金額とその利息だけです。

ところが「保険」なら、加入して1万円の保険料を支払った直後に亡くなっても、1000万円もらえます（図2、グレーの四角形部分）。1万円しか払っていなくても、死亡時の保険金としてまとまったお金が出ます。

「貯金」も「保険」も、確かにいざという時のために備えるものですが、金融商品として果たす役割も仕組みもまったく違うのです。生命保険を扱う人は、その基本的な商品性の違いを、「貯金は三角、保険は四角」という言葉で教えられます。

ところが、この「外貨建て保険」のケースでは、分けて考えるべき「貯金」と「保険」を同列に並べて**「日本の銀行ではほとんど利息がつかないが、この商品なら運用利回り3％以上」**と説明しています。本来なら比較できない「貯金」と「保険」をあえて同列に並べるのは、「貯金」が増えないことを心配する心理を突いて、この「保険」が有利だと思わせるためでしょう。

つまり、比較できないもの同士を比較して、いっぽうを有利に見せようとするのですから、これは、金融マンとしてはついてはいけない「嘘」と言うべきでしょう。

しかも、後者の「**この商品なら運用利回り3％以上**」の中にも、実は大きな「嘘」が隠されています。

【落とし穴2】おさめた保険料から、まず手数料が引かれる

では、「**この商品なら運用利回り3％以上**」という真実の中に隠されている「嘘」とは、どんなものでしょう。

それは、確かに運用利回りは3％以上なのですが、払った保険料がすべて3％以上で運用されていくわけではないということです。

「貯金」と違って「保険」は、払った保険料の中から様々なものが引かれ、残りが運用されます。様々なものとは、保険の外務員のマージンや保険会社が「保険」を維持・管理するための手数料、「保険」本来の機能である「死亡保障」や「入院保障（通院保障含む）」の代金です。

こうした様々なものを差し引いた残りが、この「外貨建て生命保険」では3％で運用されていくということです。

ちなみに、保険についている「死亡保障」や「入院保障」は掛け捨てです。貯蓄性の保険と言われるのは、こうした掛け捨ての保障に、貯金をつけたようなものです。

もっとわかりやすく言えば、「貯金」なら、1万円預けるとその1万円に対して0・001％であっても利息がついていくので、いつ解約しても1万円の元金を割り込むことはありません。

けれど、「保険」の場合には、1万円の保険料を支払うと、そこから「保険」を運営する経費や保障のお金が差し引かれます。引かれる金額は、商品、年齢、性別で1人1人違いますが、モノによっては加入してすぐだと4000円ほど引かれて6000円からのスタートになります。スタートが6000円だと、3％で運用されていくとしても、なかなか最初の保険料の1万円にはならないのです。

つまり、「この商品なら運用利回り3％以上」というのは、「嘘」ではないのですが、預けた保険料がそのまま３％で運用されていくわけではないという「不都合な真実」が隠されています。

そして、ほとんどの人がそれに気づかない。なぜなら、「この商品なら運用利回り３％以上」の前に「日本の銀行ではほとんど利息がつかない」という、誰もがわかる「貯金」の真実が提示されているからです。この「貯金」のイメージに引きずられて、預けたお金がそのまま３％で運用されていくと勘違いしやすくなる。売る側は、むしろ「貯金」と比較することで、その勘違いを誘導している気がします。

ちなみに、「貯金」で1万円を年３％で毎月積み立てていくと、1年後には12万１５５６円、５年後には63万７５２９円、10年後には１３５万５０００円、15年後には２１６万２４４７円、20年後には３０７万１１５８円になります。多くの人は、そんな「貯金」のイメージで、この「外貨建て生命保険」に加入するのではないでしょうか。特に貯金下手な人は、「貯金もできない私には、ぴったりね」と、とんだ思い違いをしてしまう可能性があります。

けれど、繰り返しになりますが、これは「保険」であって「貯金」ではありません。これが、日本の生命保険ならまだそれに気づく方も多いと思うのですが、「外貨建て」

となると、不思議なほど気づかなくなってしまう。実は、それが、次の落とし穴です。

【落とし穴3】「円」と違って「外貨」には、ピンとこない人が多い

「外貨建て」と聞いただけで、「わからない」「難しい」と思ってしまう人は多いようです。

そこで、わかりやすく、「外貨」の中でもニーズの多い「ドル建て生命保険」を、実例として見てみましょう（以降、米ドルを対象とし、わかりやすく、1ドル＝100円とします）。次のようなパンフレットの文句があったとします。

「35歳男性が、死んだ時に10万ドル受け取れる終身保険に、月々161ドルの保険料を支払って加入する例で見てみましょう。この保険では、10年後に解約すると約1万6000ドル、20年後に解約すると約3万5900ドルとなります」

これを読んで、「そうか、そういうことになっているのか」とすぐわかる人は、アメリカに住んだ経験があるなど少数の人でしょう。たぶん、圧倒的多数の方は「こう書かれても、トクしているのかソンしているのか、よくわからん」と思うはずです。

けれど、全く同じ保険商品を、ドルから円に置き換えたらどうでしょうか。

「35歳男性が、死んだ時に1000万円受け取れる終身保険に、月々1万6100円の保険料を支払って加入する例で見てみましょう。この保険では、10年後に解約すると約160万円、20年後に解約すると約359万円となります」

こう書くと、なんとなくわかる。なぜなら、私たちは日常的に「円」という通貨を使っているからです。海外との貿易で日常的にドルを扱っている方なら別ですが、普通はドルとほとんど関係ない生活をしている人が多いので、多くの日本人にとってドルというのは非日常的な通貨です。そして、ドルを単位に物事を考える必要性に迫られることもあまりありません。なので、ソントクをすぐに把握できないのです。

「月々161ドルの保険料を10年間支払って、10年後に解約すると約1万6000ドルもらう」だと、損しているのだか得しているのだか、ピンとこない。けれど、「月々1

万6100円の保険料を10年間支払って、10年後に解約すると約160万円もらう」（※ここでは為替の手数料は考慮せず、レートは中値とします）なら、ソンなのかトクなのか、電卓を叩いて計算してみればすぐにわかる。

では、電卓を叩いてみましょう。

月々の保険料は1万6100円なので、10年間に支払う保険料は、
1万6100円×12ヶ月×10年＝193万2000円

電卓を叩いてみると、多くの人が「あれっ？」と思う。なぜなら、10年間で200万円近い保険料を払って、10年で解約したら約160万円しかもらえないからです。これは、貯金として考えたら、まさに「マイナス貯金」。しかも、20年後に解約しても、保険料の支払い金額は386万4000円なのに、約359万円しかもらえない。

20年経ってもプラスにならないなら、どう考えてもおトクとはいえない。

なぜこうなるのかといえば、**【落とし穴２】**で説明したように、「保険」は「貯金」とは違って、払った保険料がすべて3％で運用されていくわけではないからです。貯金は1

万円を預けたら、1万円に対して微々たる利息でもついて1万円を割ることはありませんが、保険は1万円支払うと、その保険料の中から、保険会社の必要経費や掛け捨ての保障費などが引かれ、残りが運用に回ります。ですから、確かに運用利回りは3％でも、なかなか支払った保険料までにはならないのです。

電卓を叩いてみて初めてそれに気づく人は多いですが、「**35歳男性が、死んだ時に10万ドル受け取れる終身保険に、月々161ドルの保険料を支払って加入する例で見てみましょう。この保険では、10年後に解約すると約1万6000ドル、20年後に解約すると約3万5900ドルとなります**」と言われたら、ドルという通貨単位が非日常なので、電卓を叩いて計算しようという発想にさえならない人が多いのではないでしょうか。

このケースは、1ドル＝100円の設定なので計算しやすいと思いますが、「1ドル＝114円で73ドルなら、日本円でいくらですか？」などと言われて電卓を渡されても、どうすればいいのかわからない人も多いことでしょう。計算できた方でも、半分くらいは「それって、114円×73＝8322円だと思うけど、それでいいのかしら」と自信がない。

結局、「外貨建て」というだけで、自分で計算する気が失せるので、日本の生命保険

とは違うすごく有利な商品なのだというニュアンスを漂わせる（直接そう言っているかもしれません）営業マンに、身を委ねてしまうことになるのではないでしょうか。

つまり、生命保険の仕組みもよくわからず、ドルの扱いにも慣れていないのに、「貯金に比べたらずっと良さそう」という先入観だけで思考停止してハンコを押してしまう。日本のスーパーでの買い物なら1円、2円を気にする倹約家が、海外ではカードなので驚くほど買い物しまくってしまう心理に似ています。

「外貨建て生命保険」は、そんな日本人の弱点をついた金融商品でもあります。

【落とし穴4】円安の時に、都合よく死ぬことはできない

「貯蓄」としての「外貨建て生命保険」は、増えないという点ではほとんど旨《うま》みがないことはご理解いただけたかと思います。

では、「貯蓄」ではなく「生命保険」として見たら、この商品は有利なのでしょうか？

「生命保険」と聞くと、それだけですでに「わからん」とギブアップしてしまう方は多いですが、「生命保険」は、前述したように「死んだら保険金が支払われる」「病気やケガで入院したら給付金が支払われる（通院も含む）」というだけの金融商品です。いくら大きな保障を買っても、加入しているあいだに死んだり入院したりしなければ、保障に支払った保険料は戻ってはきません。

「生命保険」は、同じ年齢、同じ性別の人でグループをつくり、その中で、その年に不幸な目にあった人に、みんなが支払った保険料が渡されて終わる、クジのようなものです。もし、みんなで死亡保障のお金を払ったのに、運よく誰も死ななかったとしたら、集めたお金は配当としてみんなに配られてその年は終わります（死差配当）。

以前、テレビで「生命保険は宝クジのようなもの」と言ったら、生命保険協会から大クレームが来て、2時間ほど広報の方と言い合いをしましたが、最後には私が根負けし、「これからは、『宝クジ』という言葉は使いません。『不幸クジ』と言います」と言うことで話が決着しました。それ以来、私は「生命保険は不幸クジのようなもの」と言っています。

もし、生命保険で本当にトクしようと思ったらどうすればいいのか。それは、加入してからすぐに自殺以外の原因で死ぬことです（自殺は、会社によっては一定期間内だと保険金がおりないケースがあります）。

ただ、これがうまくいかないのは、人間は自殺以外では、自分がいつ死ぬかはわからないからです。

例えば、35歳の男性が、死んだら1000万円もらえる10年の掛け捨ての定期保険にネットで加入したとしましょう。月々の保険料は、1631円。

この男性が、もし1ヶ月目に交通事故で亡くなったとすると、保険料は1631円しか支払っていないのに、1000万円の保険金をもらえます。つまり、999万8369円のプラス。けれど、保険期間が満了する45歳まで丈夫で死ななかったら、19万5720円の保険料を払っただけで終わるので、19万5720円のマイナスということ。

45歳まで払って戻らない保険料はどうなるのかといえば、保険会社の経費と、その間に死んだほかの方の保険金となります。

ここで覚えておかなくてはいけないのは、人間は、自分の死を予測できないということ（自殺は別として）。ですから、保険に入っても、保険金がもらえるかもらえないかはわからない。そういう意味では、「生命保険」というのは、自分の命をかけた賭けの

ようなものだと言えます。

この命をかけた賭けを、「外貨建て」でやるということは、もう1つの「為替」という賭けをそこにプラスすることになり、二重のリスクを引き受けることになります。

ここで生まれる疑問は、イザという時の安心のために掛ける「生命保険」に、もう1つのリスクを加えることが、果たして安心を増すことにつながるかということ。

確かに、ドル建ての「外貨建て生命保険」なら、円安になったら為替で増えて戻ってくるかもしれません。同じ1万ドルであっても、1ドルが80円になっていると80万円にしかなりませんが、1ドルが１２０円になっていると、１２０万円になって戻ってきます。つまり、円安になると儲かるのですが、ただ、円安になった時に都合よく死ぬというようなことはなかなかできるものではありません。たまたま円安の時に死んだラッキー（？）なケースも中にはあるかもしれませんが、円高になった時に死んでしまったら予定より保険金が目減りして、相続税が払えなくなる、などという事態が起きないとも限りません。

都合よく円安になったら死ぬということができない以上は、「保険」をドル建てにする必要などはないでしょう。

【落とし穴5】 外貨建ては、手数料が高い

生命保険を外貨建てにするということは、生命保険の手数料だけでなく為替の手数料も支払うことになります。ですから、当然ですが、手数料は高くなります。

ここではわかりやすく、同じ会社の「日本円の終身保険（無配当）」と「ドル建て終身保険」（いずれも65歳払い込み）を比べてみましょう。ただ、計算がややこしいのでついていけないと思う方は、計算部分は読み飛ばし、次ページに太字で書いた結論だけ読んでいただいても大丈夫です。

例えば、35歳の男性が月に161・4ドルの保険料を支払う「ドル建て終身保険」に加入するケースで見てみましょう。

ここでは、為替は、1ドル＝100円で変わらないものとします。その前提で計算すると、日本円をドルに換える時には1ドルにつき1円の手数料がかかります。ですから、支払う保険料は日本円では、161・4ドル×101円＝1万6301円になります。

仮に、10年後に解約すると、10年間に払いこむ保険料は日本円で195万6168円に

なります。

この保険は、10年で解約すると156万2220円戻ります。ドルで言えば1578 0ドルなので1ドル＝100円なら157万8000円戻りそうな気がしますが、ここでも1ドルにつき1円の手数料を引かれるので、戻ってくる金額は156万2220円ということになります。戻ってくる保険料を、受け取る解約返戻金で割ると戻り率がでます。この場合の戻り率は、79・86％。

いっぽう、同じ会社が出している死亡保障1000万円の日本円の終身保険に35歳で入ると、保険料は月々2万2780円。10年間の総支払額は、273万3600円になります。そして、これを10年で解約すると10年後に戻ってくるのは236万3000円。273万3600円払って236万3000円もらうのですから、返ってくる率は86・44％になります。

同じ終身保険でも、「ドル建て終身保険」の運用利回りは3％で、「日本円の終身保険」運用利回りは1・5％なので、一見すると運用利回りが2倍の「ドル建て終身保険」のほうが、為替の変化さえなければ、中途解約しても増えて戻ってくる気がします。

ところが、支払った保険料に対して戻ってくるお金の戻り率は、「日本円の終身保険」が86・44％なのに対して「ドル建て終身保険」は79・86％。なんと「ドル建て終身保険」のほうが、戻ってくる率が少ないのです。

これが何を意味するかと言えば、確かに運用利回りは高いけれど、それ以上に「ドル建て終身保険」のほうが、保険から引かれる手数料が高いということです。

つまり、「ドル建て終身保険」は、保険会社にとっては、そのぶんたくさん手数料が稼げるおいしい保険だということです。

ちなみに、この「ドル建て終身保険」が、「日本円の終身保険」と同じ戻り率86・44％になるには、加入時点では１ドル＝１００円でも、引き出し時点では１ドル＝１０８円以上の円安になっていなくてはマイナスになってしまいます。

また、20年後で見ると、外貨建て生命保険は３９１万２３３６円払って日本円で３５５万２１２０円もらうので、戻り率は90・79％。いっぽう日本のものは、５４６万７２００円払って５００万５０００円もらうので戻り率は91・55％。やはり、「日本円の終身保険」のほうが、戻り率は高くなっています。

もちろん、今後どんどん円安が進めば、当然ながら「外貨建て終身保険」は「日本円の終身保険」よりも有利になるかもしれません。果たして将来、そんな円安状況になっているのでしょうか？

そこで本章冒頭の、「外貨建て生命保険」を選ぶ「**（理由2）少子高齢化が進み日本の国力が衰えて円安になるので、外貨ならさらにおトク**」を検証してみましょう。

「日本の国力が衰えて円安になるので、外貨がおトク」は、本当か？

「外貨建て」の商品は、基本的には、加入した時よりも円高になっていればソンをするし、円安になっていればトクをします。つまり、今に比べて将来はどうなるのかということが、加入するかどうか判断するのに大切になってきます。

この点を加入した方に聞いたところ、保険会社の外務員から次のように説明されたそうです。

「日本は、これから少子高齢化が進み、さらに国の借金も増えて国力も下がるので、将来的には円の価値が下がって円安になりますよ。『保険』というのは長期リスクに備えるものですから、長い目で見れば、『保険』も全部を日本円にするより、一部を外貨に分散しておいたほうが、リスクを減らすことができますよ」

これは、一聞すると、かなり説得力がある話のように思え、普通の方がこの話に異論を唱えるというのは難しいのではないかと思います。けれど、本当に「長い目で見ると国力が低下して円安になる」のでしょうか？

また、次のような説明もされたそうです。

「万が一、円高になったとしても、海外旅行するとか、もしかしたら海外で暮らすというようなことになれば、ドルでそのまま使えばいいので、為替の影響を受ける心配はありません」

けれど、もっともらしいこの2つの説明にも、落とし穴があります。

そこでこの2つのもっともらしい説明を検証してみましょう。

「長い目で見ると」というのがどれくらいの期間のことを想定しているのかわかりませんが、仮に、子供が生まれて成人するまでの20年間とします。そうすると、注意しなくてはならない「4つの落とし穴」が見えてきます。

まず、**【落とし穴1】**は、「少子高齢化が進むので円安になる」です。

【落とし穴1】為替は、国内事情だけで動くのではない

日本では、少子高齢化が、先進国の中でも急速に進んでいます。これは事実ですが、ただ、日本の少子高齢化が心配され始めたのは昨今のことではありません。

日本の少子高齢化は、実は20年前にもずいぶん懸念されていました。20年前の1997年、朝日新聞に、立教大学で当時教授をしていた高橋紘士氏が、「未踏高齢社会への社会構造改革」という一文を書いています。内容は、「日本はこれからヨーロッパも経験したことのない超高齢社会を迎えるので、今のうちに改革しないと大変なことになる」というもの。その後、高橋元教授はじめ多くの方が警鐘を鳴らし続けてきましたがそれも虚しく、ほとんど何の対策もなされないまま来ています。

ですから、少子高齢化で円安になるというなら、すでに日本はジリジリと円安になっていていいはずです。

ところが、この20年前のドル／円レートと現在のレートを比べてみると、20年前のドル／円の年間の平均レートが121円だったのに対して、現在は111円と、なんと10円も円高になっています（2017年3月29日現在）。半年前には、1ドル＝100円

図3　日本の合計特殊出生率と出生数

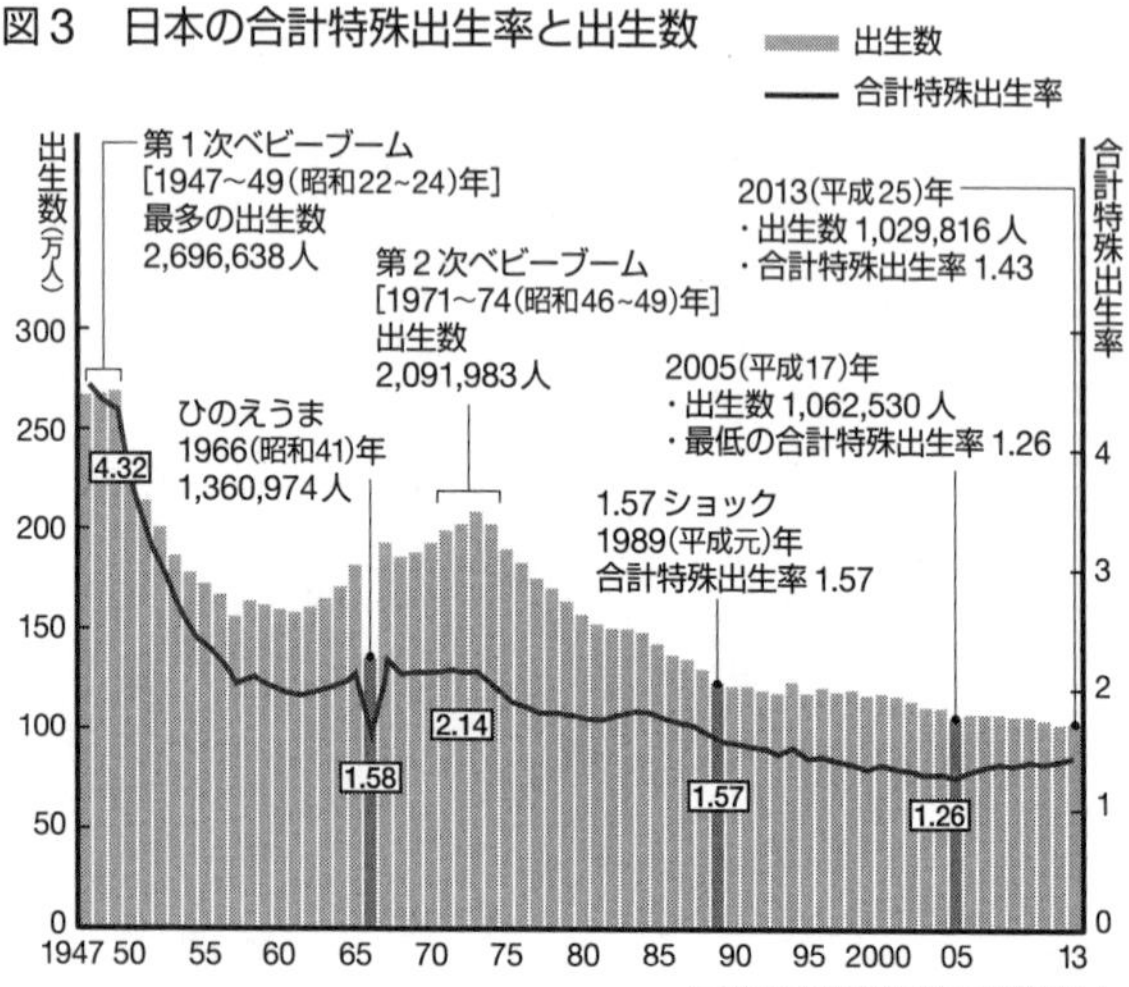

資料：厚生労働省「人口動態統計」

図4　為替レートの推移

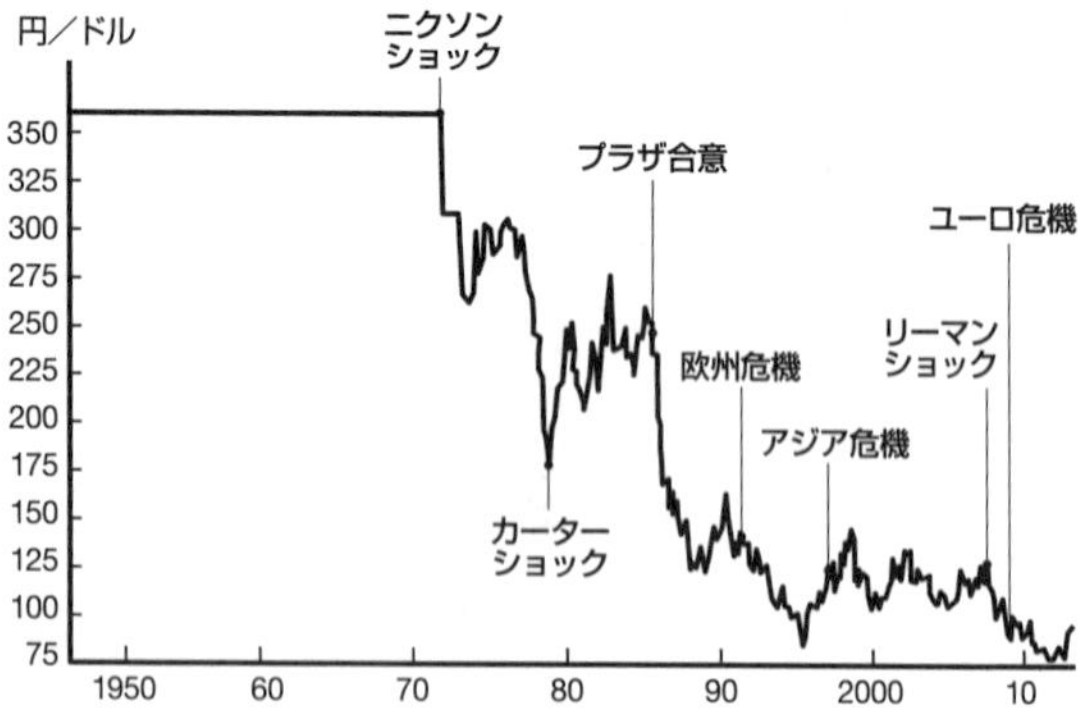

近辺で推移していました。

この20年で確実に少子高齢化が進んでいるにもかかわらず、なぜ、円安になるどころか円高になっているのでしょうか。

それは、円高、円安というのは、日本の国内要因だけで決まるものではなく、相手国との関係で決まるものだからです。例えばドル／円相場なら、相手国であるアメリカとの関係で決まります。

１９８５年のドル／円レートは１ドル＝２５０円台。そこでアメリカが、円は安すぎると主張。各国が同調し、プラザ合意で１９８６年７月には一時１ドル＝１６０円を突破する超円高になりました。その後も、日本は基調としては円高が続いています。円とドルの関係を見ると、その動きは、日本の内部要因よりは、アメリカや世界で起きる出来事と連動していることがわかります。

ちなみに、円が今まで最高値になったのは、２０１１年３月17日の１ドル＝76円でした。２０１１年３月17日といえば、東日本大震災（３月11日）が起きた直後。まさに、「震災で日本の国力が失われる」と多くの人が思っていた時期です。日本はこの時、大災害で国力が毀損されたのですから、もし「国力が衰えたら円安になる」のなら、円が

売られて円安になるはずです。

ところが、この時、逆に過去最大の超円高になったのです。

理由はいくつかありますが、大きかったのは、日本で震災が起きて、日本の保険会社が被災者の保険金を支払うために海外の資産を大量に売って円をたくさん確保するのではないかという思惑が働き、今のうちに円をたくさん買っておこうという動きが表面化したことだったと言われています。

ちなみに、1ドル＝100円近辺で推移していた円が、2016年末から急激に10円以上の円安になったのは、日本の要因というよりは、トランプ政権への期待とアメリカのFRB（連邦準備制度理事会）が金利を引き上げたアメリカ要因によるものです。

これに限らず、日本では、為替は、日本の要因というよりもむしろ海外の要因で動くことが多いようです。特にドル／円レートは、アメリカの状況が強く作用しています。

アベノミクスで、日銀が円安にしたというような言い方が一般ではされていますが、為替のプロの間では、不況から立ち直ってきたアメリカが、2012年末までに在庫調整を終え、景気が良くなってきたからドルが買われて円安になったという見方のほうが主流のようです。

だとすれば、「少子高齢化が進み日本の国力が衰えて円安になる」とは言い切れないのではないでしょうか。

【落とし穴2】日本で入った「外貨建て保険」は、海外で引き出せない

もう1つの、生命保険会社の外務員の方がした説明は、「万が一、円高になったとしても、海外旅行するとか、もしかしたら海外で暮らすというようなことになれば、ドルでそのまま使えばいいので、為替の影響を受ける心配はありません」というもの。

これは、為替を知らない人が聞けばもっともらしく聞こえるかもしれませんが、為替のプロが聞いたら、びっくり仰天する話です。

状況をもう少し詳しく説明すると、勧誘された方が「円安になればいいけれど、円高になれば損しますよね」と聞いたところ、外務員が「万が一、円高になったとしても、海外旅行するとか、もしかしたら海外で暮らすというようなことになれば、ドルでそのまま使えばいいので、為替の影響を受ける心配はありません」と説明したのだそうです。

実際にこう説明されて、問いかけた本人は、「我が家は毎年必ず家族で海外旅行に行

くし、老後はハワイで暮らすのもいいかな」と思い、これなら円高になっても心配はないので保険に加入したとのことでした。

けれど、**はっきり言って、日本にある保険会社で加入した「外貨建て生命保険」は、日本でしか引き出せません。日本の生命保険会社にドル建てで加入した保険を、海外で、為替のリスクなしに引き出すことは、基本的にはできないのです。たとえ本社が海外にある外資系の保険会社であっても、日本の支社で加入した「ドル建て生命保険」の保険金を、海外の本社に行ってドルで引き出すことはできないのです。**

日本で加入した「外貨建て生命保険」が、日本でしか引き出せない以上、引き出す時には必ず為替の影響を受けます。

もちろん、満期金を海外の銀行口座に送金してもらうということはできるかもしれませんが、そのためには、まず海外に自分の銀行口座を開設しておかなくてはなりません。それには語学力だけでなく、資産証明その他さまざまなものが必要となり、かなり大ごとになります。また、日本から海外の銀行口座に送金する場合の送金手数料は、保険の加入者自身が支払うことになります。ですから、「円高になったら、海外で引き出して使えばいい」というようなお手軽なことは基本的にはできないのです。

ちなみに、これは銀行の外貨預金も同じ。通常、日本の銀行に預け入れた外貨預金は、日本の銀行でしか出せないので、為替の影響は避けられません。もちろん、日本の銀行口座に入れたお金を、アメリカのATMからドルで引き出すこともできないことはありません。ただ、この場合は、日本円の口座からインターナショナルキャッシュカードを使って引き出すことになるので、為替の影響を受けます。その際は、VISAが運営する世界的なネットワークの「プラス」などを使うので、その手数料もかかります。

また、外貨預金を現地ATMでそのまま引き出せる銀行もありますが、バカ高い手数料を取られることを覚悟したほうがいいでしょう。

もちろん、外貨預金の場合には、預けた外貨預金を外貨のままで引き出せる銀行もあります。それを旅行カバンに詰め込んでアメリカに持って行って使うということは可能ですが、ただ、海外旅行に行くのに大量の紙幣をバッグに詰め込んで持って行くというのは、不用心極まりありません。

また、米ドル札で引き出すなら、日本円で引き出すよりもさらに高い手数料を引かれます。例えば、三菱東京UFJ銀行ではドルを円に替える手数料は1ドル当たり1円ですが、ドル預金を米ドルで引き出す場合には1ドル当たり1円80銭の手数料がかかります。三井住友銀行だとこのレートは2円で、円を引き出す時の2倍の手数料を支払わなくてはなりません。

「外貨」の資産なら、「円高になっても、海外で使えば為替の影響を受けない」などという話を簡単に鵜呑みにしてはいけません。これは、日本に住んでいる日本人にとっては、とてもむずかしい事なのですから。

【落とし穴3】 生命保険はインフレに弱い

少し戻って、「**『保険』というのは長期リスクに備えるものですから、長い目で見れば、『保険』も全部を日本円にするより、一部を外貨に分散しておいたほうが、リスクを減らすことができますよ**」という説明。これも、経済に詳しくない人なら、その通りだと思うかもしれません。

確かに外務員が説明するように、円安になれば、「外貨建ての資産」は利益が出るかもしれません。けれど、それを狙うなら、「保険」ではないでしょう。なぜなら、日本は輸入大国なので、円安になると物価が上がります。同じ1ドルのものを輸入するのに、

1ドル＝100円と1ドル＝120円では、輸入価格が20円も上がります。

もし、円安で輸入品が上がってくると、どんなことが起きるのでしょうか。経済の本を見ると、円安でモノの値段が上がるとインフレ気味になるとあります。

現実には、経済の本どおりにはいかないケースも多いですが、ここでは、円安でモノの値段が上がって世の中がインフレ気味になったとしましょう。

ここで1つ押さえておかなくてはいけないのは、「保険」のように長期にわたって換金できないものは、インフレにきわめて弱いということです。

仮に、日銀が目指す2％の緩やかなインフレが20年間続いたとすれば、今の1000万円の価値は67％ほどに目減りします。つまり、1000万円の死亡保障をつけていたはずなのに、2％の緩やかなインフレが続いただけで20年後には1000万円の価値の保険が約670万円の価値になってしまうということです。

では、2％の緩やかなインフレを続けながら20年後も同じ1000万円の保険の価値を維持したいなら、為替はどれくらいになっていればいいのでしょうか。

17年6月現在、1ドルは111円ですから、この為替相場が20年後には1ドル＝165円ぐらいになっていないと、インフレで目減りするぶんの保険の価値を現状のまま維持することはできないということになります。もちろん1ドル＝165円というのは現状維持のレートなので、もし「外貨建て終身保険」で儲かったという実感を得たいなら、1ドル＝200円くらいになっていないと難しいかもしれません。

ただ、前にも書いたように、為替というのは相手があって決まるもの。しかも、ドル／円レートは、アメリカ本位に動く傾向が強いのです。

今から約30年前の1985年には、アメリカがドル高（円安）傾向だった自国通貨をドル安（円高）にするために、イギリス、旧西ドイツ、フランス、日本に呼びかけて5カ国の財務大臣（アメリカは財務長官）がアメリカのプラザホテルに集まり、アメリカの輸出競争力を高めるためにドル安政策（日本にとっては円高）を進め、なんと230円だったドルは、1年後には約半分の120円にまでなりました。

もちろん、1ドル＝200円まで円安になる可能性はありますが、歴史は繰り返すという言葉どおり、もし日本が「行き過ぎた円安」ということでアメリカに睨まれたら、円高圧力がかかる可能性もあります。

20年後の為替など、誰にもわからない。だとしたら、そんなわからないものに大切な財産を分散しておくことが、果たしてリスク分散になるのでしょうか。

【落とし穴4】少子高齢化で、国力が衰えるとは限らない

もう一度、話を少子高齢化に戻しましょう。日本では、20年後に3人に1人が65歳以上になると言われています。

そうなると、当然ながら働く人も減ってくるので、そのために国力が衰えて日本は世界の三流国になり、1ドル＝200円くらいになっているというのが、「ドル建て生命保険」を売る人のストーリーのようです。

でも、本当に働く人が少なくなると、日本が貧しくなって円が売り叩かれ、円安になるのでしょうか。

確かに少子高齢化は進んでいますが、同時に高齢者の平均寿命も伸びています。国連では60歳以上が高齢者、世界保健機関（WHO）では65歳以上が高齢者と言われていて、日本では、65歳から74歳が前期高齢者、75歳以降が後期高齢者ということになっています。しかも、日本老年学会・日本老年医学会からは、高齢者の心身と健康についての様々なデータから、75歳からを高齢者とするという提案もなされています。内閣府の60

歳以上の男女を対象に行った調査でも、65歳以上は高齢者と答えた人はわずか3割にとどまり、70歳から74歳の人で、自分が高齢者だと思っている人は47・3％と、半分以下でした。

平均寿命も伸びていて、厚生労働省が出している平成27年の簡易生命表を見ると、男性の2人に1人が亡くなるのは約84歳、女性の場合には約90歳。しかもまだまだ寿命は伸びていて、今、高校生の人は、おそらく100歳まで生きるのがあたりまえになるという予測まで出ています。

ちなみに、100歳を超えた人の数を見ると、40年前には697人、30年前には2271人、20年前には8491人でしたが、2016年には6万5692人に急増しています。その背景には、医学の著しい進歩があります。ですから、これからはシルバー世代が労働力の大きな担い手となっていくことでしょう。

さらに、ここにイノベーションの進展が加わります。

例えば、長崎のハウステンボスに、最先端のロボット技術を導入した「変なホテル」という名前のホテルがあります。このホテルでは、通常は10人の従業員が必要なところを3人にすることができ、残り7人分の仕事をロボットがこなします。

これからは働く人が減るので、人手不足が深刻化します。人手不足の中では、賃金が上がるので、高い賃金を払うならそのぶん仕事の合理化をしようという力が働いて、少ない人数でも大きな利益を上げる仕組みが工夫されるでしょう。その中で、人工知能など最先端の技術革新が飛躍的に進歩するというのです。

20年後には国力が衰えて、日本が世界の三流国になり、1ドル＝200円くらいの円安になっているというのは、こうした新しい動きを完全に無視した場合ということです。もちろん、現在の政治の停滞を見るとその可能性がないとは言えませんが、ただ、そうならない可能性もあるということも考慮しておいたほうがいいでしょう。

「若いほうが保険料は安いので、すぐ入ったほうがいい」は、本当か？

さすがにここまで読んできた方は、「外貨建て生命保険」が、それほど魅力的な金融商品ではないということがわかってきたのではないでしょうか。

なので、「もう、わかったよ！」と読むのをやめてもいいのですが、そもそも「生命保険」について知らない人が多すぎます。

そこで、ここからは、「保険」というものの基本的な仕組みを知って、過度に保険に加入しないための基礎知識を身につけるつもりで読んでください。

確かに生命保険に加入する場合、年齢は1歳でも若いほうが、支払う保険料は安くなります。

例えば、某保険会社の1000万円の終身保険（無配当・男性・65歳まで払い込み）の場合で見てみましょう。これは、65歳まで一定の保険料を払い続けると、一生涯のどこで死亡しても、その時点で1000万円の死亡保険金が出るという保険商品です。保険料は、25歳なら月額1万6300円ですが、35歳だと月額2万2780円、45歳だと月額3万5760円と、年齢が高くなるごとに上がっていきます。

ですから、若いうちのほうが保険料の金額だけを見れば安くなっています。

また、65歳までの支払総額を見ても、若いうちから支払ったほうが安くなります。

25歳なら・月額1万6300円×12ヶ月×40年＝総額782万4000円
35歳なら・月額2万2780円×12ヶ月×30年＝総額820万800円
45歳なら・月額3万5760円×12ヶ月×20年＝総額858万2400円

終身保険では、同じ保険に入り続けている限り保険料はずっと変わりませんから、こんな数字を見せられたら、やはり1歳でも若いうちに加入したほうがおトクなのではないかと思えてきます。

けれど、本当に、保険に加入するなら1歳でも若いほうがおトクなのでしょうか。

ここでは、生命保険で陥りやすい「3つの落とし穴」について見てみましょう。

【落とし穴1】若い人の保険料が安いのは、死亡確率が低いだけ

生命保険の保険料は、同じ性別、同じ年齢の人を1つのグループとして、その中で死亡または入院する人の割合から算出します。

ちょっと説明が複雑になるので、面倒な人は、太字の結論だけを読んでください。

例えば、死亡保障の保険料について見てみましょう。保険会社が保険料を決めるのには、生命表という10万人がオギャーと生まれて死ぬまでの間の死亡確率を使います。生命表は、男性と女性に分かれています。なぜ、男女が一緒の統計ではないかといえば、

女性のほうが長生きなので、男性と一緒にすると男性の死亡確率が下がるからです。

そこで、前出の簡易生命表で、男性の生存数を見てみましょう。25歳の男性は、生まれた10万人の中で9万9241人が死なずに生存していますが、その中で25歳の時に死亡する人は54人。つまり、生命保険でいえば、9万9241人が支払った保険料を、死んだ54人がもらってその年は終わります（実際には保険料から、保険会社の経費や積立などが引かれます）。仮に、その年に50人しか死ななかったとすると、4名分の保険料は、生きている人たちに配当というかたちで配られて終わります。

基本は、当たった（死んだ）人が、他の人が払った保険料をもらう1年ごとのクジのようなもの。35歳でも45歳でも、仕組みは同じ。例えば45歳だと、10万人の中で9万7634人が死なずにいて、45歳で死ぬのは年間159人。つまり、9万7634人が支払った保険料を、死んだ159人がもらってその年は終わります。仮にその年に150人しか死ななかったとすると、9名分の保険料は、生きている人たちに配当というかたちで配られて終わります。これが65歳だと、10万人の中で8万8784人が死なずにいて、65歳で死ぬのは年間1002人。

つまり、年齢が高くなればなるほどそのグループの中で死亡する人は増えるので、死

んだ人に同じ保障をしようと思ったら、保険料を高くするしかありません。逆に、若い人は死ぬ確率も低くてなかなか払った保険料を回収できないので、そのぶん保険料は少なくてもいいということ。

ですから、保険には、加入する時期でのソンやトクはありません。前にも書きましたが、肉親を亡くすダメージは大きいかもしれませんが、金銭面だけで考えると、保険でトクするのは加入してすぐに死ぬことです。

ただし、同じ保険でも、共済の中には、20歳から60歳まで保険料が２０００円均一のものがあります。こちらは明らかに、死亡確率が高い年配者のほうがおトク！　ということになります。

【落とし穴２】必要ない保障にお金を払い続ける可能性

「生命保険」は、命をかけたクジのようなもので、自分が死亡したり病気で入院したりといった不幸な目にあわないと、保障に支払った保険料はほとんど戻ってきません。

これは、**【落とし穴１】**で理解していただけたと思います。基本は、実にシンプルな助け合いの仕組みなのですが、これが「外貨建て生命保険」になると、急にわかりにくくなるようです。

なぜなら、生命保険というのは、「必要な時期に必要なだけ保障を買う」商品なのですが、「外貨建て生命保険」は、生命保険本来の「必要な時期に必要なだけ保障を買う」という面が薄くなり、外貨で資産運用するという面が、売る時にも強調されているからです。そのため、無駄な保険を買っているのに気づきにくくなります。

「貯金は三角、保険は四角」のところでも説明しましたが、保険というのは貯金ですぐには補えない経済的な安心を補うものです。

例えば、サラリーマンで大黒柱の父親が死んで、幼い子供2人と専業主婦の妻が残されたとしましょう。この場合、夫名義の住宅ローンは、かなりの確率でローンについている保険で相殺されます。また、子供たちが18歳になるまでは、月15万円前後の生活費が遺族年金として支給されます。ローンのない家に住んで月々15万円前後のお金が支給されたら、妻が少しパートで稼げば、残された家族3人はそれなりに生活していけるのではないでしょうか。

けれど、そこで妻の稼ぎでは捻出できそうもないものがあります。それが、子供たちの教育費。日本は、OECD33カ国中、国が教育費にお金を出さないランキングでは、いつもワースト1。2013年にはかろうじて最下位のハンガリーについでワースト2になりましたが、そのぶんは各ご家庭が負担しなくてはならず、大学まで行かせると子供1人約1000万円かかると言われています。

これだけのお金は、妻のパートではなかなか稼げないので、夫に保険金として残してもらわなくてはなりません。

ただ、この「子供1人1000万円」の死亡保障も、子供が社会人になったら必要無くなります。子供が社会人になると教育費がかからなくなり、妻もパートなどに出やすくなるからです。さらに、夫がサラリーマンだと、死亡した場合にもある程度まとまった死亡退職金が入り、妻には遺族年金もあります。ですから、通常は子供が社会人になった時点で死亡をカバーする保険をやめて、払っていた保険料を老後のために貯蓄していくというのが合理的な方法です。

けれど「外貨建て生命保険」の場合には、資産運用面が強調されすぎて、保障の必要期間をそれほど考えないで入るケースが多いようです。しかも、55歳で子供がみんな社会人になり、保険が必要ではなくなっても、「資産運用」という側面に引っ張られて、なかなかやめられません。日本の生命保険でもやめる時期を逃してズルズルと必要でもない保障を買い続けている人は多いですが、「外貨建て生命保険」となると、もっとやめ時がわからなくなる。しかも、為替がよほど円安にならない限りは元本割れになってしまうので、ますますやめる決断が先のばしされてしまいます。

グローバル時代なのだから、円だけでなくドルで保障を買うのもいいですが、アメリカ人ならともかく、日本に住んでいる日本人で、たぶん一生を日本で過ごすことが予想される人にとっては、ドルでの保障など、どんな意味があるのでしょうか。

ちなみに、「外貨建て生命保険」のほとんどには、為替が大きく円高になった時にその痛みを和らげる為替ヘッジ（為替変動の影響を和らげる取引）がついていません。為替の影響をモロに受けやすいということも覚えておいたほうがいいでしょう。

【落とし穴3】生命保険に、アフターフォローなどない！

生命保険は、アフターフォローのない商品です。

こう書くと、「でも、大手のほうがサービスもいいし、安心でしょう」と言う方がいます。確かに、家具を買ったり洋服を買うときには、デパートで買ったほうが、商品が気に入らなければ返品を受け付けてくれたり、文句を言ったらすぐに対処してくれるかもしれません。

けれど、保険は物販と違って、アフターフォローのない商品。繰り返しになりますが、「死んだら保険金が支払われる」「病気やケガで入院したら給付金が支払われる」というだけの商品です。しかも、その保険金や給付金をもらうためには、自分で死亡証明書をもらいに行ったり、入院証明書を発行してもらって、保険会社に本人が申請しなくては保険金は振り込まれません。保険会社から、「亡くなられましたか？」「病気で入院されましたか？」といちいち問い合わせが来るわけでもないし、「父が死にました」と電話しただけで、保険会社が死亡証明書を取り寄せてくれて手続きし、お金を振り込んでくれるわけでもありません。

こう話すと、「でも、我が家の保険のおばさんは、3年に1度はライフプランに合わせて保険のアフターフォローに来てくれますよ」という人がいて、びっくり仰天しました。

たぶん、そのおばさんが3年に1度やって来て新しい保険に入らせるのは、アフターフォローではなく、自分のマージンのためでしょう。保険の外務員はマージン契約で働いている人が多く、保険のマージンは契約後2～3年で終わるケースが多い。ですから、マージンが切れるころにやってきて「見直し」と称して新しい保険に入れて、新たにそこからマージンをもらうという人が多くいます。すべての人がそうだとは言いませんし、中には本当に良心的に色々と心配してくれる人もいることでしょう。けれど、相手はセールスマンなのだということを考えると、自分の実入りを増やすために、3年に1度やってくるということは至極当然なことなのです。

そして、「生命保険はアフターフォローがない商品」なら、欲しい保障を必要な期間だけ最も安く買うのが合理的な買い方です。

「生命保険」が必要な時期というのは、人によっても違います。例えば、前述のように子供に教育費が多額にかかるとか、子供はいないが妻が病弱で働けず、夫が死亡したら明らかに生活に困りそうだというケース、妻が親の介護で働きに出られず、介護費用も多額にかかりそうなので大黒柱が倒れてしまったら困るといったさまざまなケースが考えられます。とにかく、死亡保障は、大黒柱が倒れてしまったら困る金額を「生命保険」で補うという考え方でつければいいでしょう。医療保障は、会社の健康保険や国民健康保険に加入していれば、保険でかなりの金額が出ます。入院で100万円かかっても、3割負担なので30万円。ですが、高額療養費制度があるので、自己負担は一般的な収入の方は月に8万円台。半年入院しても50万円にならないので、生命保険はお守り代わりに入っておく程度でいい人が多いでしょう。

ちなみに、保険会社で一番いい会社は、保険料が安い会社です。なぜなら、死亡したり入院したりする確率は、日本人なら皆同じ。つまり、死亡保障と医療保障のみの保険料は、使っている統計が同じなので、みんな同じはずです。では、なぜ保険料に差が出るのかといえば、その死亡保障や医療保障に乗せる保険会社の経費が皆違うからです。人海戦術で保険を売っている会社は人件費がかかるので高い経費を保険料に上乗せしなくてはなりません。ネットで保険を販売している会社は人件費が少なくてすむので保険料も安くなる。単に、そういうことです。

ですから、最近は「生命保険」をネットで比較して加入するという人も増えています。ただ、普通の保険ならネットで比較しながら買えても、「外貨建て生命保険」となるとネットでは買えない会社が多い。やはり、外務員に勧められてとなるようです。

ここで書いたことは、あなたの夢を砕く「身も蓋もない話」ばかりかもしれません。

けれど、書かなくてはいけないと思ったのは、これからこうした金融商品の売り込みは、ますます激しさを増してくるはずだからです。

そこで第2章では、なぜこうした商品の売り込みが激しくなるのか、その背景を見てみましょう。

第2章　日銀の「マイナス金利」が、家計の資産を破壊する

増え続ける「タンス預金」40兆円

日銀の「マイナス金利」導入で、銀行預金の金利がマイナスになってしまうのではないかという恐れから、「タンス預金」が急増しています。

日銀が公表した２０１６年9月のデータ（資金循環統計・速報）では、9月末で個人のお金は１７５２兆円あり、そのうち78兆円が1万円札として市中に出回っています。ただ、市中に出回っているお金の中には、みなさんが買い物をするためにお財布に入れているお金も含まれているので、この全部が「タンス預金」ではありません。この中のどれくらいが「タンス預金」になっているのかといえば、第一生命経済研究所の推計

では、43兆円とのことです。

実は、こうした「タンス預金」の一部と思われるお金が、収集ゴミの中から発見されるという事件が多発しています。

昨2016年、京都市の収集ゴミの中から現金2300万円が見つかって話題となりましたが、そこまででなくても、東京都江東区が収集した家庭ゴミの中から現金120万円が見つかり、諫早市でも鉄くずの中から現金300万円が見つかる事件が起きています。ちなみに、警視庁によれば、16年の現金の落とし物は36億円を超えてバブル末期の35億円を上回ったそうです。景気がいいから現金を持ち歩くというならわかりますが、不景気の中で大金を持ち歩いている人が多いとすれば、やはり「タンス預金志向」の表れでしょう。

もちろん、2016年は日銀の「マイナス金利」の影響だけでなく、マイナンバーが導入されたことで「タンス預金」は増えました。マイナンバーの導入で、将来的に銀行口座なども把握されるかもしれないと恐れた人たちが現金を家に隠そうとしたせいか、金庫が爆発的に売れたとも伝えられています。

家に大金があるということは、詐欺にも狙われやすくなるということ。オレオレ詐欺など特殊詐欺の被害件数も増えています。検察庁によれば、2015年、特殊詐欺と認められた件数は、1万3824件と、前年よりも432件増えています。被害額は482億円で前年よりも減っていますが、これだけ世間的に騒がれているのに詐欺にあう件数が増えているということは、やはり手元に現金を置いている人が増えたせいでしょう。

企業の「タンス預金」も、急増している

実は、「タンス預金」を増やしているのは、個人だけではありません。企業も、内部留保という「タンス預金」を増やしています。

内部留保とは、企業の純利益から、税金、配当金、役員賞与などを差し引いて残った企業の貯金（利益剰余金）。安倍政権が誕生した2012年（10〜12月）には274兆円ほどでしたが、安倍政権下でこの内部留保はどんどん膨れ上がり、2016年（7〜9月）には365兆円にまで急増。なんと、「アベノミクス」の4年間で、企業全体で約90兆円という国家予算にも近い膨大なお金が溜めこまれたということです。経常利益も過去最高を更新し続け、「アベノミクス」で企業はどんどんお金持ちになりました。

ところが、そのお金は企業の「タンス預金」である内部留保と株主への配当となり、従業員の給料にはほとんど回りませんでした。「アベノミクス」の4年間に、上場企業の株主配当は年々増え続け、ついに年間10兆円を突破しました。

いっぽう、家計は苦しさを増すばかりです。

給料については、少しは増えたというご家庭もあります。国税庁の統計（民間給与実態調査）の平均値を見ると、２０１２年の４０８万円が２０１５年には４２０万円ですから平均給与は3年間で12万円ほど増えています。

けれど、**この間に消費税が5％から8％に上がり、年金保険料が毎年引き上げられ、健康保険料も上がり、介護保険の負担もアップし、各種増税も行われたので、増えたぶんはとっくに帳消しになっています。それどころか、円安で食料品をはじめとするモノの値段が急激に上がったことで、「アベノミクス」以前よりも苦しくなったというご家庭が増えているようです。**

「アベノミクス」で苦境に立たされているのは、個人だけではありません。金融機関も、「アベノミクス」の第一の矢である「異次元の金融緩和」で、今や崖っぷちに追い込まれています。

そして、苦境に立たされた金融機関が何を始めたか。なんと苦しさを増している家庭の資産を狙い、貪欲なまでの「運用しましょう」攻撃を仕掛けてきているのです。

今や金融機関は、個人の家計に食らいつかなければ、自分たちが生き残れない瀬戸際に立たされているからです。いま、金融機関が追い詰められている崖っぷちの状況を見てみましょう。

日銀「異次元の金融緩和」で、何が起きたのか

「アベノミクス」第一の矢は、「大胆な金融政策」でした。そこで行われたのが、「異次元の金融緩和」。

日銀の計画は、銀行が持っている国債を年間に80兆円買い上げて、その代金としてお金を銀行に渡し、このお金を銀行が企業や私たちに貸し出すことによって世の中にお金を回していくというものでした。

確かに、活発にお金が回るようになれば景気は良くなりますから、政策的には悪くないように思えます。

けれど、この政策には、大きな見誤りがありました。それは、民間の資金需要についての見誤りです。日銀は、お金をどんどん出せばお金の価値が下がり、モノの値段が上がってインフレになると予想していました。インフレで、この先モノが高くなるなら、多くの人は、値上がりしないうちにモノを買おうと思うので、どんどんとモノが売れて景気が回復し、デフレを脱却できると思っていたのです。

ところが現実には、どんなに日銀が大量のお金を銀行に流しても、インフレは起きないしデフレを脱却できない。なぜかといえば、日銀が流したお金が、銀行の外にあまり出ていかなかったからです。

銀行は、どんなに日銀から大量にお金が流れてきても、それをタダで市中にばら撒くわけにはいきません。銀行にお金を借りに来る人がいて初めて「お金を貸す」というかたちで世の中にお金を流すことができるのです。

ところが、お金を貸して欲しいという人があまりいない。つまり、資金需要がないのです。

銀行がお金を貸す相手は、企業と一般の個人です。ただ、資金需要を見ると、企業は山のように「タンス預金」を持っているので、わざわざ利息を払ってまで銀行からお金を借りようとはしない。そもそも、企業も先行きが不安なので、銀行から多額の借金をしてまでも設備投資しようとはしない。もちろん、積極的に銀行にお金を借りに来る企業もありますが、そういうところは実績も資産もなく経営が苦しいところが多いので、銀行のほうが、本当に回収できるか不安で審査を厳しくし、やはり貸さないということになるケースが多いのです。

いっぽう個人は、給料が上がらないので大きなローンは組みたがらない。

つまり、どんなに日銀がお金を流しても、資金需要がそれほど旺盛ではないので、銀行からお金が外に出ていかない状況が続いているということです。

ところがこんな状況であるにもかかわらず、日銀から「貸し出せ、貸し出せ」と銀行にどんどんお金が流れてくる。流れてきたお金は、そのままにしてはおけません。

では銀行は、日銀から流れてきたお金をどうするのか。なんとか運用しなくてはならないのですが、デフレという状況の中では、いったん損失が出ると挽回しにくい。そこで、なるべくリスクを抱えないように運用しようとなると、方法は2つしかありません。

1つは、日銀から来たお金を、必要になるまで日銀の中にある「当座預金口座」に預けて0・1％の利ざやを稼ぐ方法。「当座預金口座」とは、日銀の中にある、銀行がお金を預ける口座ですが、当時は銀行預金の金利が0・01％だったので、みんなから預かったお金を日銀に0・1％で預ければ、利ざやが稼げました。

もう1つの方法は、日銀から流れてきたお金で「国債」を買うという方法。国債の金利も低いのですが、それでも2015年には10年もの国債の金利は0・3〜0・4％で踏みとどまっていました。

結果、貸し出しに回るはずのお金が日銀の「当座預金口座」に大量に預けられ、いっぽうで国債を買うことに使われ、日銀が意図したように、どんどん投資にお金が回るという状況にはなりませんでした。

実は、日銀が「異次元の金融緩和」を始める前の「当座預金口座」の残高は約60兆円でしたが、「異次元の金融緩和」を行ってからこの当座預金の残高が300兆円を突破しました。なんと約240兆円以上も増えたのです。いっぽう、日銀は銀行から国債を買って毎年約80兆円のお金を流したので、「異次元の金融緩和」で日銀から銀行に3年間で約240兆円が流れた計算になります。

約240兆円のお金を銀行に流し、日銀の「当座預金口座」に銀行から約240兆円のお金が預けられたということは、日銀が銀行に流したお金の多くが、貸し出しではなく「当座預金口座」に溜まってしまっているということ。日銀が「異次元の金融緩和」として出したお金のほとんどは、貸し出しにまわされずに、ただただ「当座預金口座」にブタ積みにされてきたという異常な状況になってしまいました。

これ以上お金をブタ積みさせないための「マイナス金利政策」

どれだけ銀行にお金を流しても、流したお金が貸し出しに回されずに日銀の「当座預金口座」にブタ積みされ続けたら、景気回復の役には立ちません。

そこで日銀は、ついに「これ以上お金を当座預金口座に預けたら、預けたお金に０・１％の金利をつけるのではなく、逆に０・１％の手数料をとる」と宣言しました。０・１％の手数料を取るということは、金利に直すとマイナス０・１％の金利をつけるということ。これが「マイナス金利政策」です。

銀行にとっては、今までは、預ければ預けるだけ金利がつきましたが、これからは、預ければ預けるだけ「マイナス金利」で利息を取られていくのですから大変です。

ただ、そうはいっても、なかなか貸し出しは増えない。

そんな中、銀行は、日銀からどんどん流れてくる現金を運用するために、「当座預金口座」に預けられなくなったお金で、もう1つの方法である「国債を買う」ということに注力しました。

こうして、銀行をはじめとする金融機関がいっせいに国債を買いに走ったので、今度は国債が品薄になって価格が暴騰し、利回りが下がってしまいました。マイナス金利導入決定から11日後の2016年2月9日には、長期金利の指標である10年国債の利回りが、史上初めてマイナスとなりました。マイナス0・035%をつけた国債の金利は、その後も下がり続け、7月には、ついにマイナス0・3%に近づきました。

日銀の「当座預金口座」にも預けられない、国債を買ってもマイナス金利ということで、ついに銀行は、行くも地獄、戻るも地獄という状況に追い込まれました。

長期金利の低下は、個人にとっては住宅ローンなどの長期で組んだローンの金利が下がることを意味します。ですから、高い金利でローンを組んだ人は、低い金利に借り換えることで返済額を減らすという効果があります。

たとえば、フラット35で4年前に2000万円を35年、金利2・2%(これは平均値で、銀行によって違います)で借りた人が、マイナス金利で下がった住宅ローン1・7

図5　ローンの借り換え状況

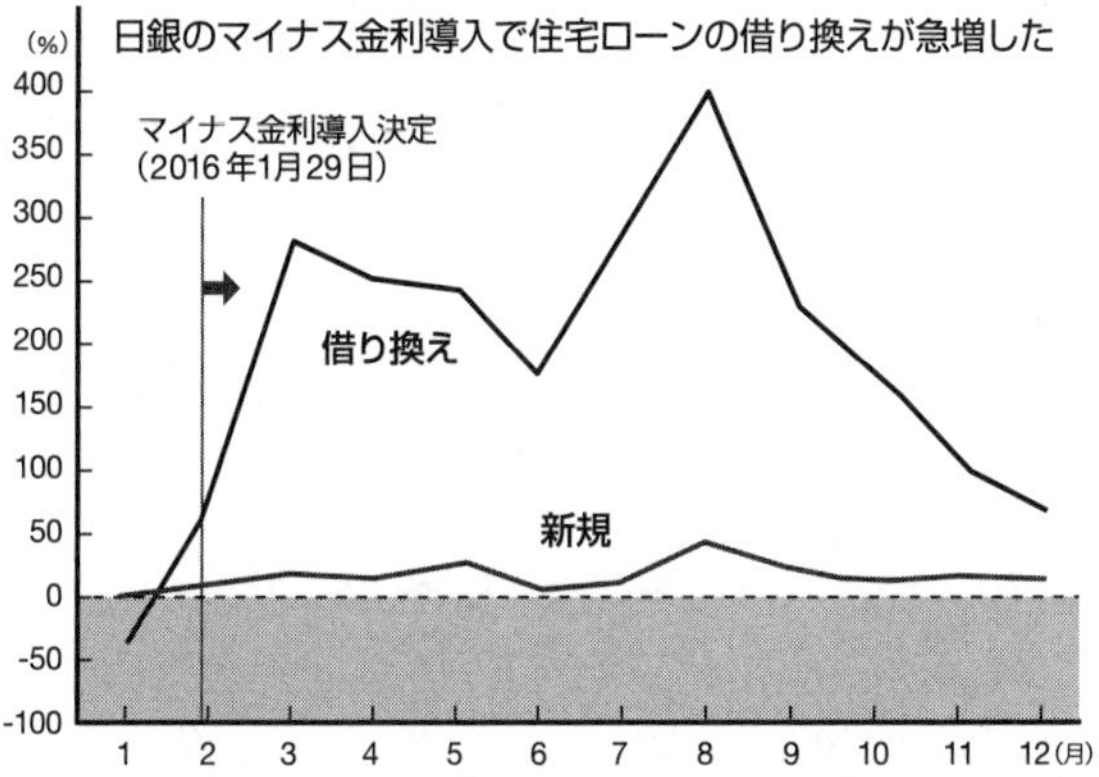

毎日新聞（2017年1月29日付記事の表）をもとに作成

※数値は2016年の住宅ローン申し込み数（大手5銀行グループの合算）の前年同月比伸び率

％に借り換えると、諸経費を差し引いても返す利息が約１８０万円安くなります。月々にすれば５０００円ほど支払いが減ります。

ですから、住宅ローンの借り換えが急激に増えました（図５）。

けれど、金利が低いからといって、マイホームを新規で買って新しくローンを組もうという動きはあまり出ませんでした。都心部では物件価格が高騰しすぎて個人の買い意欲は弱く、地方でも先行き不安から買い意欲が出てこないということで、住宅ローン市場を賑わせたのは、もっぱら住宅ローンの借り換えでした。銀行協会の貸出金の推移を見ても、全銀行で見ると、マイナス金利が導入された2月以降、貸し出しは増えるどころか減ってしまっています。

問題なのは、銀行にとって新規の貸し出しが増えれば利益につながりますが、住宅ローンの借り換えは、今まで貸していたローンの金利が低くなるだけのこと。つまり、銀行の側から見ると、住宅ローンの貸し出しが増えないだけでなく、高い金利から安い金利のものに借り換えられて、ただ利ざやが減ってしまうということで、これがますます銀行の収益を圧迫することになりました。

バーナンキが驚いた、日銀の「長期金利ゼロ政策」

日銀の「マイナス金利政策」の副作用で、「当座預金口座」の金利だけでなく「長期金利」もマイナスとなり、銀行は2つの運用手段である「当座預金口座」への預け入れも「国債」を買うという方法も、収益にはつながらなくなってしまいました。収益が上がらなければ、預金の金利も払えない。そのため、預金金利を実質ゼロ%まで下げましたが、困ったことに不安心理で多くの人がお金を預けに来る。

結果、「アベノミクス」が始まって4年のあいだ平均貯蓄額は増え続け、総務省の家計調査の２０１６年度版では、１世帯あたりの平均貯蓄額は過去最高の１８２０万円に達しました。

貸し出しは増えないのに、日銀からお金はくるわ、個人は預金するわで、銀行経営は悪化の一途を辿っています。しかも、「マイナス金利」で、「当座預金口座」への預け入れも、「国債」買いもままならず、銀行は追い込まれていきました。

この状況にあわてたのは、日銀。

16年9月の金融政策決定会合で、債券相場で長期金利がマイナス０・３％になった状況を是正するために、金利をゼロ％まで引き上げることにしました。

この政策には、日本だけでなく世界中がびっくり仰天しました。中でも驚いたのが、強力な金融緩和を進めることでヘリコプター・ベン（ヘリコプターから金を撒く）の異名があるバーナンキＦＲＢ元議長。ブログに「黒田には、驚きだ」と書いていました。

なぜなら、短期金利ならまだしも長期金利は、大戦時のアメリカでコントロールを試みたもののうまくいかず、通常はできないというのが常識になっていました。しかも、年間80兆円の量的金融緩和をしながら、長期金利をゼロ％にするという。お金を流して金利を下げながら、いっぽうで7月にはマイナス0・3％になってしまった金利をゼロ％まで引き上げ、金融緩和と金融引き締めを同時に行うというのです。車の運転で言えばブレーキとアクセルを同時に踏むようなもので、普通なら、車が横転するのではないかと誰もが危ぶみます。

それをあえて行うというのですから、これは神業。さすがのバーナンキも驚いたのでしょう。

けれど、**裏を返せば、それだけ日銀の金融政策が定まらず、ダッチロールを始めて、行き着く先が見えなくなってしまったということでもあります。**

そして、そのとばっちりを最も切実に受けているのが、真綿で首を絞められるように収益が悪化しつつある銀行をはじめとした金融機関です。

日銀が、これ以上「当座預金口座」にお金を預けたら、そのぶんはマイナス金利にするぞと言っているにもかかわらず、マイナス金利でも仕方なく預ける銀行が後を絶ちません。日銀が「マイナス金利政策」を採った時に「当座預金口座」に預けられていたお金は約300兆円。ところが「マイナス金利政策」から1年以上経って「当座預金口座」の残高を見ると、なんと３５２兆円（２０１７年５月31日現在）にもなっています。なんと、52兆円も「マイナス金利」の預金が増えているのです。損するとわかっていても、運用方法がないので預けざるを得ない銀行の現在の苦しい内情を表している数字と言えるでしょう。

「普通預金」10万円以下は、利息ゼロの衝撃

日銀の「マイナス金利導入」から1年経ち、ついに、1万円を銀行に預金しても利息が1円もつかないという事態となりました。

ゆうちょ銀行や三菱東京ＵＦＪ銀行、みずほ銀行、三井住友銀行の３大メガバンクだけでなく、新生銀行、ソニー銀行、じぶん銀行、住信ＳＢＩネット銀行なども相次いで「普通預金」の金利を０・００１％まで引き下げたからです。

０・００１％というと、微々たるものでも利息はつくのではないかと思う方もおられるかもしれませんが、実は、金利が０・００１％では、１万円を1年間預けても、利息は税引き前で10銭にしかなりません。今の日本には〝銭〟という単位のお金は存在しな

いので、この10銭は切り捨てになり、結果、利息はゼロになります。

これを考慮すると、なんと預入額が10万円超にならないと年間1円の利息がつかないことになります。つまり、私たちは、普通預金に10万円以下のお金を預けても、全く増えないということになります。

銀行にお金を預けても1円も利息がつかないというのは理不尽ですが、実は、もっと理不尽なことが起きています。私たちは、普通預金への預け入れが10万円以下だと、1円の利息もつきません。けれど、ついた利息からは約20％の税金が引かれます。実際には利息が5円になった途端に1円引かれていくのです。10万円以下なら預金しても私たちは1円の利息ももらえないのに、国と地方は預金が50万円以上になるとすぐさま税金を徴収して儲けられるということ。なんとも納得いかない、抜け目ない状況になっています。

黒田日銀総裁は、16年2月4日の衆議院予算委員会で、「『マイナス金利』を導入しても、個人の預金金利がマイナスになることはない」と明言しました。

確かに、「マイナス金利」導入から1年経って利息はほぼゼロになりましたが、まだマイナスではない。けれど、そのいっぽうで、家計の費用として出し入れすることが多い普通預金の場合、ＡＴＭで引き出されるケースも多くなっています。そんな中、「マイナス金利」の影響で収益が減っている金融機関が、ＡＴＭで少しでも手数料を稼ごうと引き出し手数料の強化をしていることはご存知でしょう。うっかり引き出すと、１０８円、２１６円といった、預金の利息とは比べ物にならないほど高い手数料を引かれます。そして、結果的には預金が目減りしてマイナスになるという人が多くなっています。

つまり、個人の預金もうっかりしていると目減りしていく、「マイナス金利」時代に突入してしまったということです。

預金金利０・００１％は、「預金はいらない」という銀行の意思表明

日銀の「ゼロ金利政策」以降、都市銀行が激変に見舞われています。次ページの図は、全国銀行協会が公表している、預金と貸出金の状況。

これを見ると、マイナス金利が導入されてから、都市銀行では、預金がうなぎ登りに増えるいっぽうで、貸出金は対前年同月末比でマイナスになってしまっています。つま

図６　実質預金前年同月末比増減率の推移

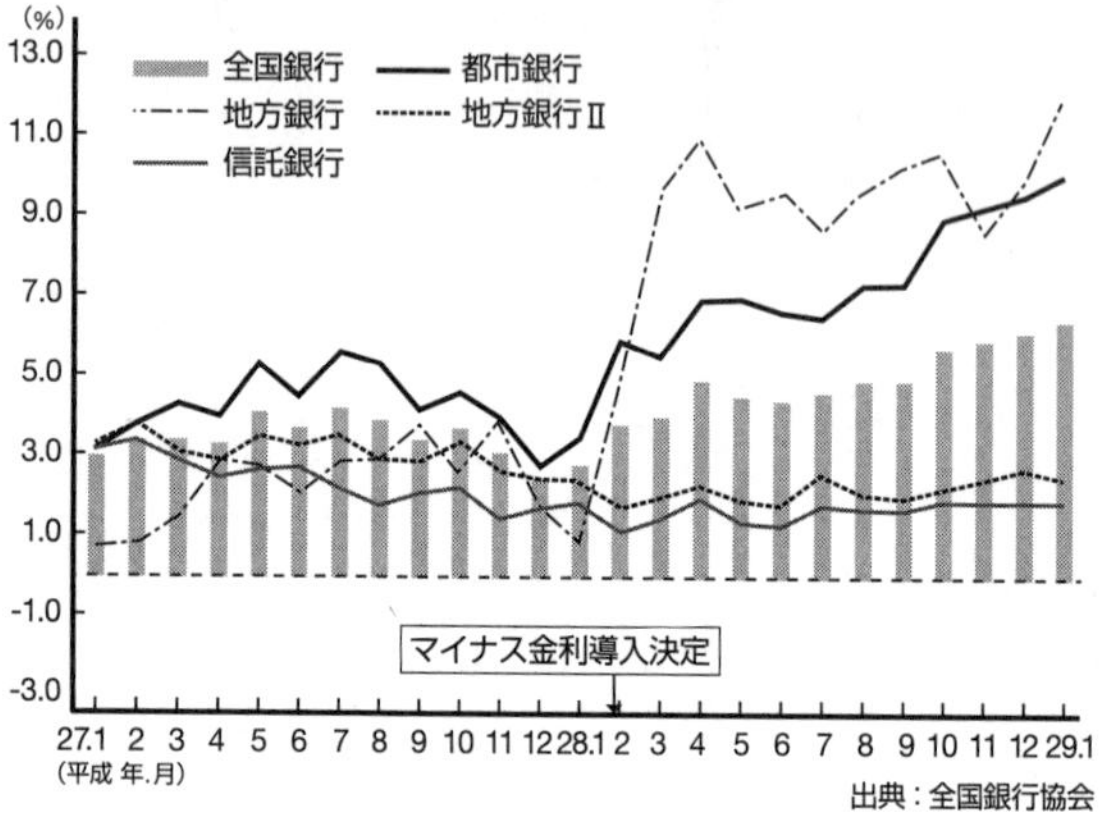

出典：全国銀行協会

図７　貸出金前年同月末比増減率の推移

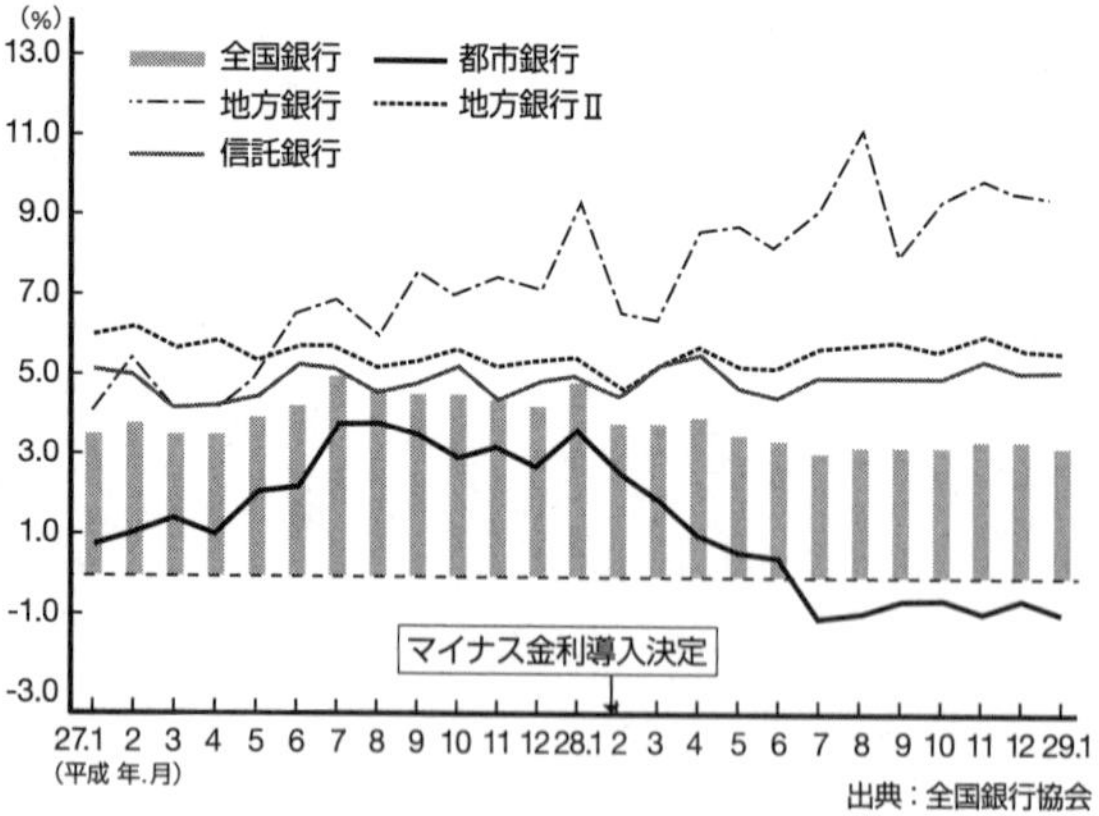

出典：全国銀行協会

り、マイナス金利に不安を抱いて多くの人が規模の大きな金融機関に預金するいっぽうで、銀行の収益源になるはずの融資を大手銀行には求めていないということです。

貸し出す先が減っているのに、預金は急増していく。そんな中、「マイナス金利」導入から1年、三菱東京ＵＦＪ銀行とみずほ銀行が、４〜12月（第３四半期）決算で初めて預金金利の利回りをゼロ%と開示しました。これは、０・００１%の小数第３位以下を切り捨てたので０・00%となったのですが、三井住友銀行ほか多くの銀行が、これに続きました。

これは何を意味するかといえば、銀行が「預金はもう運用しようがないので、我が行には持ってこないでください」と言っているのと同じことです。

みなさんが銀行に預ける「預金」は、「ノーリスク」で預けられます。利息は少ないかもしれませんが、預けた額を割って戻ることはありません。

ところが、**みなさんにとって「ノーリスク」の金融商品である「預金」は、銀行にとっては、「リスク」がある金融商品なのです。**

なぜなら、どんなに運用が難しい状況でも、預かったお金は必ず増やさなければ、銀行の経営が立ち行かなくなるからです。みなさんに元金や利息を返すだけでなく、運用

する以上は、銀行の経費も捻出しなくてはならないのです。

以前は、「預金」を預かっても、貸し出しに回せなければ日銀に持っていって「当座預金口座」に預けておけば、0・1%ですが金利がついたので、みなさんから0・01%で預かれば利ざやを稼げました。けれど、それができなくなったのです。かといって預かったお金で国債を買おうと思っても、日本の10年の国債の金利はマイナスの状況でした。貸し出しも思うように増えない。

銀行は、にっちもさっちもいかない状況に追い詰められ、最後の手段として、「預金はいらない、もう持ってくるな」というつもりで、預金をゼロ金利にしたのです。

追い詰められる地方銀行

悲鳴をあげているのは、大手銀行だけではありません。地方銀行も、ここにきて体力が持たないところが出てきています。「マイナス金利」の影響で、経営状況が悪化の一途を辿る銀行が目立ってきています。

地方銀行を襲っているのは、「マイナス金利」だけではありません。将来的な人口減少が、地方銀行の地盤を蝕んできています。

２０１６年、金融庁は、現在、全国に１０６ある地方銀行のうち、２０２５年には、6割が本業で赤字転落するというショッキングな試算を出しました。

地方銀行は、日本の金融機関特有の、大きな銀行が小さな銀行を助ける護送船団方式の中では保護される側でした。ですから、経営のシビアさにおいて大手から一歩遅れました。その結果、全国地方銀行協会によれば、２０１６年度の地方銀行の中間決算は、コア業務純益▲16・1%、業務純益▲8・9%、経常利益▲16・7%、中間純利益▲13・8%という惨憺たるものになりました。

こうした中で、地銀再編の動きが加速しています。

2月、三井住友フィナンシャルグループ傘下の関西アーバン銀行、みなと銀行と、りそなホールディングス傘下の近畿大阪銀行が系列の枠組みを超えて経営統合を目指すという話が飛び出してきました。

地銀統合では、すでに昨16年、最大手の横浜銀行と東日本銀行が4月に統合してコンコルディア・フィナンシャルグループができただけでなく、常陽銀行と足利ホールディングスが統合され、千葉銀行と武蔵野銀行が業務・資本提携で協力関係を築いています。

また、九州のふくおかフィナンシャルグループと十八銀行なども提携を発表しています。

なぜ、こうした話が次々と出てきているのかといえば、都市銀行に比べて資金力に乏しい地方銀行にとって、少しでも肩を寄せ合っていくことが、現状の苦境から脱出する方法だとの判断があるのでしょう。

ただ、**肩を寄せ合っていけるところはいいですが、そういう相手もおらず、溺れるのを待つしかない銀行も出てきそうです。こうした切羽詰まった状況で、いま、銀行が生き残りをかけているのが、皆さんへの「投資の勧め」です。**

銀行にとって「預金」はリスク、「投資商品」はノーリスク

崖っぷちの銀行が、いま、大きな収益源として狙っているものは何か。それは、個人に「投資」を勧めて、手数料を稼ぐフィービジネス（手数料ビジネス）と、カードローンなどのパーソナルローン。住宅ローンは難しいけれど、家計が苦しくてカードローンを使う人が増えているので、そこに目をつけたのです。

カードローンだと、14%くらいの高い金利が取れます。そこで積極的に貸し込んだ結果、自己破産の申立てが13年ぶりに前年を上回って6万4637件にもなっています。ノンバンクの消費者向けの無担保貸し出し残高は、2005年の約18兆円から2015年には約4兆円まで減っているのに対して、銀行のカードローン残高は16年末で約6兆円と5年で1・6倍にも拡大しています。

これも大きな問題ですが、実はもう1つ、大きな問題になりそうなのが手数料を稼ぐフィービジネスへの積極的な傾斜です。

「預金」は、銀行にとってはリスクがあると書きました。では、銀行にとって「ノーリスク」の金融商品とはなんでしょうか。

それは、「保険」や「投資信託」などの「投資商品」です。**「投資商品」と聞くと、「投資にはリスクがあるのではないか」と思う方もいらっしゃるかもしれませんが、「投資商品」のリスクを引き受けるのは買った本人で、売る銀行は、単に販売手数料を手にするだけです。つまり、「投資商品」＝銀行にとっては「ノーリスク」で儲けられる金融商品ということなのです。**

例えば、現在、様々な銀行でも販売していますが、「ノムラ日本株戦略ファンド」という投資信託があります。この投資信託は、２０００年2月に、野村証券が１００周年記念で野村証券の知能の粋を集めたという触れ込みで売り出し、1兆円もの資金を集めました。当時、日本の投資信託としては、購入手数料3・15％、維持費（信託報酬）2・052％とかなり手数料が割高でしたが、「天下の野村証券なら大丈夫だろう」と、この投資信託に、退職金をつぎ込んだ人も多くいたようです。

ところが販売当初から基準価額が落ち始め、2年で投資した額の4割にまで目減りしてしまいました。現在は、それでも少し持ち直して9割くらいまで戻していますが、それでも最初にこの投資信託を買った人は全員損をしているということです。1兆円もの投資資金を集めたのですが、途中でみんな嫌気がさしてやめていき、現在の投資総額（純資産総額）は、当時の10分の1以下の約823億円（２０１7年1月31日現在）となっています。我慢しきれなくて、多くの人が損を承知でやめていったわけですが、我慢しているあいだは維持費を取られ、やめていくときには解約手数料（信託財産留保額）として、投資信託の時価1万円に対して0・3％の手数料を取られています。

この投資信託では、大損した人が多かったものの、野村証券だけは、買った人からも続けている人からもやめる人からも手数料をもらうだけなので、ノーリスクでいまだに儲け続けています。

このように、金融機関にとって「投資商品」というのは、ノーリスクで儲けられるものなのです。

オリンピックが終わるまで、失敗続きの黒田日銀も続く⁉

いま、銀行にある程度の預金をしている人には、うるさいほど電話がきます。そして、１００％、「投資」への誘いだといっても過言ではないでしょう。

「投資」への誘いの電話をかけてくるのは、銀行だけではありません。日銀の「マイナス金利」の影響を受け、生命保険会社も証券会社も、あらゆる金融機関が生き残りをかけて、個人の「投資」を狙っています。

そして、こうした状況は、いつまで続くのでしょうか。

以前、２０１６年1月に、新潮新書から『10年後破綻する人、幸福な人』という本を出し、その中で、次のような予測を書きました。

「自民党総裁の任期は２期６年が上限ですから、本来なら２０１８年には安倍政権は退陣するはず。けれど、党内にはすでに3期9年に伸ばすべきだという声が上がっています。総理自身にも、オリンピックは自分が勝ち取ったという自負があるので、党規を変えてでも東京オリンピックまでは首相を続投したいのではないでしょうか。

そうなると、日銀の政策も続行される可能性があります。黒田総裁の任期は2018年までですが、安倍政権としてもアベノミクスの旗をおろすわけにはいかないので、安倍首相退陣まで一緒に続投ということになる可能性があります。つまり、『異次元』の金融緩和は、東京オリンピックまで続く可能性があるということです」

実は、2017年1月30日の参院予算委員会で、安倍首相が、来年任期が終わるはずの黒田総裁の後任人事について、「黒田さんの路線をしっかり進めてもらいたい」と明言し、これに関して、ブルームバーグは、1月25日、安倍総理の経済ブレーンの本田悦朗駐スイス大使が「黒田氏の再任も選択肢の1つだ」という考えを示した、という記事を載せています。

黒田氏の再任もしくは黒田路線が、東京オリンピック後まで続くことは、すでに安倍首相の中では既定路線となっているようです。政治では何が起きるかわからないので「必ず」ということはありませんが、もし安倍政権がいまのまま続けば、オリンピックが終わる反動と、安倍政権、黒田日銀のやりっぱなし政策の後始末で、日本は未曾有の不況に陥る可能性が出てきました。

そうなったとき慌てないために、みなさんは、いま金融機関に誘われるままに「投資」などしないほうがいいと思いますが、如何でしょう。

第3章　こんなクズ商品には手を出すな

「毎月分配型投信」――投信の約4割を占めるのに、構造的に欠陥あり!?

「赤信号、みんなで渡れば怖くない」「寄らば大樹の陰」というのは、日常的な世界では、世渡りをしていくための知恵として有効かもしれません。

けれど、**投資の世界では、みんながやっているから自分もやるというのは、どちらかというとカモがネギを背負って鍋に飛び込むようなもの。**投資で儲けるためには、むしろ逆の、「人の行く、裏に道あり花の山」という発想が必要です。

ところが、あまり投資に詳しくない人は、投資をするときにとりあえず「みんながやっているから――」という、世渡りに使う常識を持ち込もうとします。

その象徴的な金融商品が、「毎月分配型投資信託（以下、毎月分配型投信）」です。

「毎月分配型投信」とは、購入すると、毎月一定額の分配金が口座に振り込まれる投資信託。なぜ、これほどまでに人気なのかといえば、毎月（隔月もあり）一定の配当がもらえるものが多く、将来は年金代わりになるという安心感があるからでしょう。

例えば、某毎月分配型投信の場合、1000万円預けると、毎月1万円の配当がもらえます。1年間でもらえる配当は12万円。銀行に1000万円預けても1年で100円の利息しかつかないのですから、とても魅力的な商品に思えるのでしょう。しかも、これなら「老後の年金代わりになる」と思い込んで買っている人が多いようです。

この「毎月分配型投信」は、投資信託のスター商品。QUICK資産運用研究所によると、**昨年末時点で投資されたお金（純資産総額）が約35兆円。みなさんが、銀行や証券会社で買う外国の債券類も含めた株式投信という投資用の金融商品は85兆円（投資信託協会データ）ですから、「毎月分配型投信」は、その約4割を占める大人気の投資信託ということになります。**

普通だと、今のような低金利で、こんなにたくさん分配金が出るというのは怪しいのではないかと警戒するはずです。けれど、5人中2人の人が買っているなら、そんなに変なものではないだろうという「赤信号、みんなで渡れば怖くない」心理が働いて、これなら大丈夫だという気持ちになってしまう。

さらに、「これからは公的年金もあてにならないので、老後の年金代わりに頼りになりますよ」などとセールスマンに囁かれると、「そうか、やっぱり投資もしないとな。だったら手始めに、みんなが買っているものからやってみよう」ということになるようです。

ところが、それこそが大間違いなのです。

【落とし穴1】目減りしていても、わからない

「毎月分配型投信」ではほとんどのものが、まとまった額のお金を預けると毎月一定額を分配金として銀行口座に振り込んでくれます。問題は、毎月決まった金額が振り込まれるので、貯金の利息をもらっているような気になってしまうこと。

「投資信託」を買うなら、運用次第で増えることもあれば減ることもあるということは、多くの人が認識しています。投資信託協会のアンケートでも、投資信託が「元本保証で

はない」「価格変動や為替リスクがある」ということは認知しているという答えが多い。

ところが、この商品の場合、定期的に銀行口座にお金が振り込まれるので、それが当たり前のようになり、「これは、運用がうまくいっているのだ」と勝手に思ってしまう人が少なくない。

例えば1000万円預けて、毎月4万円の分配金を約束したとします。もし、運用がうまくいかずに4万円もの利益が出せなくても、約束した4万円は必ず銀行口座に振り込まれます。もちろん、月に4万円以上の儲けがあれば、4万円を銀行口座に振り込んでも、元本は確保されています。この商品では、運用益ゼロだったとしても、4万円を口座に振り込んでくれるのです。

実はこの4万円は、購入した金融機関が補塡してくれるわけではありません。誰でもない自分が預けた1000万円から、4万円が差し引かれて払われるのです。つまり、運用益ゼロなら元本は996万円になっているということ（ここでは、手数料、税金は度外視しています）。

わざわざ証券会社まで行って「毎月分配型投信」を買う人なら、これくらいの仕組みはわかっているでしょう。

ところがいまは、**銀行や郵便局も「年金代わりに」と勧めてくる。銀行や郵便局で勧められると、よくわからなくても、高利回り貯金の感覚になってしまう人も少なくないようです。つまり、預金と勘違いするので、いちいち投信の状況を確かめない人も多い。**

窓口で、息子か孫くらいの職員に、「貯金していても利息がつかないけれど、おじいちゃん、これなら安心ですよ」などと言われて、ハンを押してしまう人もいるようです。

そういう人が、購入後に送られてくる取引残高報告書などをしっかり見ているかといえば、疑問です。つまり、毎月一定額が銀行口座に振り込まれるために、危機感や投資をしているという実感が持ちにくくなるということです。

【落とし穴2】「海外の信頼できる国の債券」に安心する

「毎月分配型投信」にも様々な種類がありますが、投資初心者に人気なのが「リスクが大きい株ではなく、安定した利回りの高い海外の債券に投資しています」という商品。

まさに、このアピールで6兆円もの資金を集めたのが、「毎月分配型投信」の元祖とも言える、国際投信投資顧問（現・三菱ＵＦＪ国際投信）の「グローバル・ソブリン・

オープン」（以下、「グロソブ」）です。

「グロソブ」は、ＯＥＣＤ加盟中の各国の政府が発行する国債や政府機関債を組み入れた投資信託で、ムーディーズやスタンダード＆プアーズなどの有名格付け会社がA以上の格付けをしている信用力が高い債券だけにしか投資しないというのがセールスポイントの商品。投資先の国が破綻して債券が紙くずになってしまうというような心配がないということが強調され、販売されてきました。

「株と違って債券ならば確実に利息がつくので、安定運用できます」。こう聞くと、「そうか、株なんかよりも安定した運用ができるのだ」と思う方も多いでしょう。

ただ、ちょっと投資を知っている人だと、「でも、海外の債券で運用するということは、為替リスクがあるんじゃないの」と聞き返すことでしょう。

けれど、それに対しては、「為替変動はリスクコントロールされています」と切り返されます。通貨が相対的に高くなりそうならその通貨の組み入れ比率を引き上げ、通貨が相対的に下落しそうなら、その通貨の引き上げ比率を下げるというのです。

こう説明されると、たいていの人はよく意味がわからなくても、「ちゃんと為替の変動の影響を受けないようにしているのだ」と思ってしまう。ただ、繰り返し強調しておきますが、**はっきり言って通貨が高くなるか安くなるかなどということは、プロでも予想できない。もし予想できるなら、投資は慈善事業でやっているのではありませんから、他人のお金の運用などせず、自分で投資して大金持ちになっているはずです。**

しかも、この商品には、為替変動のリスクを避けるための為替ヘッジはついていません。為替ヘッジがあれば、ある程度までリスクコントロールできるかもしれませんが、これをつけるとそれだけコストがかかるのでつけていません。

この投資信託に当初1000万円をつぎ込んだ人は、売り出し直後に1200万円近くまで上がったのですが、3年で600万円台に落ちるという乱高下を経験しています。投資している債券は安定運用されているはずですから、これだけ価格が乱高下するというのは、為替のリスクをもろに受けたからだとしか考えられません。

つまり、「為替変動はリスクコントロールされています」という説明は嘘だったということです。

【落とし穴3】「分配金」を出すための「タコ足」配当

「毎月分配型投信」は、設定当時の基準価額を下回っているものがほとんどです。ＱＵＩＣＫ資産運用研究所が、２０１６年10月に、１４８４本の「毎月分配型投信」について調べたところ、買って1年間保有し続けたとすると、８割の投信が分配金の半分以上を元本から削って支払う状況になっているということでした。全額を元本から出しているものも２割（２８６本）あったそうです。タコが自らの足を食べる、いわゆる「タコ足」配当状態になっているということです。

そして**驚くことに、この中で運用益だけで分配金をまかなえるのはたった２％（37本）。16年10月までの1年間といえば、株価は前半がよく後半は悪かったけれど、1年で見るとそう悪いとは言えない年です。為替は円安気味で、海外投資の環境も悪くない。けれど、運用益だけでは分配金を捻出できないものがほとんどということは、分配金に問題があるとしか思えません。**

例えば、１０００万円預けて月々2万円の分配金が出る「毎月分配型投信」があったとします。年間24万円の分配金が出るので利回り２・４％（単純化するため税金などは考慮せず）。ですから、２・４％以上で運用できれば、１０００万円はそのままで24万円の分配金を出すことができます。30年たっても毎年ずっと２・４％なら、１０００万円は目減りしません。そして、その間に2万円×12ヶ月×30年＝720万円の分配金をもらいます。1000万円が1720万円になるということです。

では、これをもらわないで利回り2・4％で30年間運用していったらどうなるでしょう。なんと、30年後には1000万円が約2050万円になります。

つまり、本来は分配金を支払わずにこれも投資に組み込んでいった方が、330万円も増えるということ。逆にいうと、**「毎月分配型投信」は、分配しなくてはならないために通常の投資信託よりも増えない構造になっているということです。**

毎月決まった額を銀行に振り込まずに、増えたぶんを再投資にまわしていたら「グロソブ」の場合にはどうなっていたかというと、当初預けた1万円が、1万7000円ほどになっていました。たぶん基準価額がどんどん下がり「グロソブ」離れが進んでいて純資産総額なども減っているので、「実は、分配金さえ出さなければ、『グロソブ』は良い成績をあげられるのだ」というところをアピールしたいのかもしれません。

ただ、「分配金があれば、年金代わりになるので安心です」と言われてこれを買った人にとっては、いまさら「分配金をもらわずに再投資していればこんなに増えたのに」と言われても後の祭り。たぶん、これだけ元本が減ってしまうと、いまさら分配金をもらわないコースに変えるという気力もないことでしょう。

特に、「グロソブ」の場合、投資金額に対する分配金の割合が高かったことが魅力だったために、怒りを感じている人も多いことでしょう。

【落とし穴4】実は、年金代わりにならない

「毎月分配型投信」で分配金が出るタイプでは、「年金代わりになります」という触れ込みで売られているものが多いようです。

「1000万円預ければ、月々5万円の分配金が出るので、これで不足している年金を補うことができます」と言われて加入している人も多いようです。実際、「毎月分配型投信」の元祖とも言える「グロソブ」では、当初はそのような売り方をされていました。

「グロソブ」は、1997年12月に売り出されました。発売翌月の1月の分配金は1万円について51円（税引前）。2月、3月、4月、5月と配当は50円を切りましたが、6月、7月と50円になり、8月から約2年半は60円の配当が続きました。その後2001年1月から2008年12月までは40円の配当が続いています。ですから、「グロソブ」

が売り出されてから10年くらいの間は、「1000万円預けたら月々4万円以上の配当金が出た」ということです。

この時期に「グロソブ」を買った人は、「退職金の2000万円を預ければ、月々8万円の分配金が出るので、月20万円の年金と合わせて28万円。これなら、老後もなんとかなる」とソロバンを弾いてほくそ笑んだのではないでしょうか。

ところが、現状では分配金は2000万円につき月2万円に減っています。年金と合わせると22万円。つまり、月6万円も配当が減ったということです。**この先、頼りの公的年金も実質目減りしていくことが予想されますから、まさに予定が狂ってしまったということになります。**

なぜ、こんなに分配金が下がってしまったのかといえば、さきほど説明した「タコ足」配当に陥ってしまったからです。

当初1万円だった基準価額は、4999円（2017年2月17日現在）。ということは、最初に2000万円預けていた人は、ほぼ半額の1000万円になっているということです。もちろんその間に分配金はもらっていますが、それを足しても年間の運用利回りは1・3％ほど。リスクをとってこれだけというのは、良い数字とは言えないでしよう。

虎の子の退職金が目減りし、頼みの分配金が減ってしまっては、とても「年金代わりになる」などと安心してはいられない。では、なぜこんなことになってしまったのか。

実は**「毎月分配型投信」には、買った人が儲ける確率が低くなる決定的な構造的欠陥が2つあります。その1つが、「再投資できない」ということと、もう1つが「手数料が高い」ということです。**

【落とし穴5】手数料が高すぎる

「毎月分配型投信」は、儲けてもそのぶんを再投資に回さずに分配金として配ってしまうと、通常の投資信託に比べて増えないという構造的な欠陥があります。そのため、「タコ足」配当に陥ってしまうということは欠陥の1つです。

ただ、なかなか増えない原因はそれだけではなく、投資商品として見たときに「手数料が高い」という難点があります。

投資の世界は、運次第。勝つときもあれば、負けるときもあります。では、「投資信託」の運用で、勝ちも負けもせず、ずっと同じ状況が続くとどうなるのでしょう。

運用が良くも悪くもないそのままの状態が続くとしたら、預けたお金は増えもせず、減りもしない気がします。が、そうではありません。確実に、預けたお金は減ります。**なぜなら、勝ちも負けもしないでいるあいだも、必ず金融機関に手数料だけは払い続けなくてはならないからです。**

実は、「投資信託」は勝つこともあれば負けることもあるということはかなりの方が知っているようですが、投信協会のアンケートでは、手数料についてはよくわからないという人が65％もいました。「投資信託」は、運用している間、ずっと信託報酬という手数料を払い続けなくてはいけません。購入時と売却時は、「投資信託」によって手数料を取るもの、取らないものがありますが、運用中は必ず手数料が発生します。

では、この手数料を、「グロソブ」を例に見てみましょう。

「グロソブ」は、買った時に購入額に対して1億円未満なら1・62％の購入手数料がかかり、売った時に0・5％の手数料がかかります。さらに持っている間は、年率1・35％の手数料がかかります。仮に、1000万円預けてこの手数料を20年間取られ続けると、元本が運用で増えもせず減りもせずにずっと一定でも、1000万円が800万円を割り込みます。

つまり、運用で増えもせず、減りもしなくても、20年経つと資産の5分の1は手数料で消えていってしまうということ。裏を返せば、売る側には、買った人がソンをしようとトクをしようと、いったん売れれば、確実に大きな手数料が転がり込むということです。これは大きいです。

しかも、この20年の間に、インフレが進む可能性があります。仮に、日銀が目指す年2％のインフレが進んでいくと、預けた1000万円は、運用で勝ちもせず、負けもせず、さらに分配金をもらわない状況が続いても、貨幣価値としては現状の700万円程度までに目減りする可能性があります。さらに、ここから手数料を引かれると、500万円程度になる可能性があるということ。

もちろん、こうした状況でも、常に6〜7％くらいの運用を続けていくことができれば、分配金を1％程度出したとしても、預けたお金は実質的に増えていきます。けれど、「グロソブ」のような債券運用でこれだけの利回りをコンスタントに出していくのは、よほどの円安にならなければ難しいでしょう。

「赤信号、みんなで渡れば怖くない」は、投資の世界ではNG

現在、約35兆円ものお金を集め、人気ナンバーワンの「毎月分配型投信」ですが、その多くは見てきたように「タコ足」配当です。つまり、預けたお金が目減りする可能性が高いのです。

確かに、数%ですが元本を減らしていないファンドもあるので、**全部がダメかといえばそうではありませんが、投資初心者が数多あるファンドの中から優良なファンドを探し当てるというのは、砂の中から砂金を探し当てるようなもので、なかなか難しい。**そのような金融商品を、あえて買う必要があるのでしょうか。

しかも、「毎月分配型投信」では、リスク説明が不充分だという訴えが起きています。

実は、某大手都市銀行から、2010年からの2年間に3000万円ほど、「毎月分配型投信」を買った人が大損し、「説明不足」ということで銀行を訴えました。これに対して東京地裁は銀行に対して、「説明義務違反」があったとして解約で生じた計137万円のマイナスの半分の約68万円の損失の賠償を命じました。なぜ半分かといえば、買った人にも半分の責任があるという判断だったからです。

けれど、二審の東京高裁では「原告は、投信では5年以上の投資経験があり、分配金について誤解していたとは考えづらい」ということで一審の判決が覆され、銀行が勝ちました。

これで思い出したのが、バブルの頃に銀行が売りまくった変額保険。自殺者まで出て、全国で訴訟が相次ぎました。その時に取材した被害者の弁護士が言っていたのは、「金融機関相手に裁判で勝つというのは難しい」ということ。変額保険の裁判のケースでは、勝ったのは10件に1件の割合でした。つまり、よほど明白な証拠がない限りは、金融機関を相手取って個人が訴訟を起こしても、勝つのは難しいということです。

ちなみに、ゆうちょ銀行が売っている「毎月分配型投信」の中には、設定当初の4割になってしまったものが何本かありますが、どんな人たちが買っているのでしょうか。

「赤信号、みんなで渡れば怖くない」というのは、投資の世界ではNG。「人の行く、裏に道あり花の山」という、誰も行かないところを見つけて投資しなくてはいけません。それができないなら、投資なんてする必要はありません。

「定期預金」でも、高金利には要注意

「定期預金の金利が年1・0％」と聞いたら、「どうしてこんなに金利がいいの？」と不思議に思う人は、感覚が正常な人。「ラッキー、これに預けよう！」とすぐに飛びつく人は、逆に損をする可能性があります。

低金利でも、頑張って定期預金に1％以上の金利を出しているところはあります。例えば、城南信用金庫の「節電プレミアム預金」は、ソーラーパネルの設置やLED照明への切り替えなど省エネで10万円以上の投資をしたら、100万円を上限に定期預金に1％の金利をつけてくれるというもの。金融機関が家庭の省エネを応援してくれる、素晴らしい定期預金です。

また、JAかながわ西湘では、17年3月31日までの期間限定でしたが、介護を必要とする方や同居する家族を対象に1年間、スーパー定期貯金の店頭金利に1％の金利上乗せをしていました。

トップの思想性や、客に多く利用して欲しいという思惑から出している金利ですが、この手のものは、利用したいと思っている人にはありがたい1％金利。こうしたものも

探せばありますが、ただ、普通の人はなかなかお目にかかる機会はないでしょう。

ですから基本的には、**金融機関が「定期預金」に1%以上の金利をつけた時は注意したほうがいいでしょう。「何か裏があるのではないか」と疑ったほうがいい。**

そこで、ここでは定期預金・金利1%以上に、なぜ、すぐに飛びついてはいけないのかを見てみましょう。

【落とし穴1】「定期預金・金利年1%」にカラクリあり

時々、1%以上の金利がついた「定期預金」を見かけます。その時には、定期預金以外の商品とのセット販売になっていないか気をつけて見てください。

例えば、某メガバンクの「セットプラン」は、3ヶ月ものの定期預金に年1%の金利がついています。ただし、定期預金は1%の金利ですが、定期預金と同額の投資信託や外国債券がセットになります。

そこで、この定期預金に100万円を預けたとしましょう。「100万円の1%なら1万円なので、利息は1万円」などと思ったら大間違い。年1%という大きな文字の前に小さな文字で「3ヶ月もの初回金利」と書いてあります。「3ヶ月もの初回金利」というのは3ヶ月定期のことで、最初の3ヶ月間は1年間1%の金利が適用されるということ。つまり、3ヶ月間の利息は1年の4分の1なので、年間1万円の利息なら、その4分の1の2500円ということ。さらにこの利息から約20%の税金が引かれるので、手取り利息は2000円ほどになります。

ポイントは、この「定期預金」をするためには、同額の投資信託を購入しなくてはいけないというところ。100万円を「定期預金」に預けたら、100万円分の「投資信託」を買わなくてはいけないのです。しかも、セットで買う「投資信託」は、買う時に手数料を払うタイプのものです。

仮に、ここに国内外の債券で運用する投資信託をセットしたとします。この場合、購入手数料は2%。つまり、100万円に対して2万円の購入手数料を支払うということです。

すでに、みなさんおわかりだと思いますが、**「定期預金」で銀行からもらう利息は2000円。「投資信託」の購入で銀行に払う手数料は2万円。差し引き、1万8000円は銀行の儲けで、それを支払うのは預金者です。**

しかも、「投資信託」の場合は、これでは終わりません。買った後も、運用のための信託報酬等の手数料を払い続けなくてはなりません。これが、年1・296%。つまり、運用状況にもよりますが、1万円前後のお金を銀行に払い続けなくてはいけないということ。

いっぽう「定期預金」で銀行がみなさんに支払ってくれる利息は、3ヶ月を過ぎると0・01%になりますから、100万円預けても100円程度（税金は考慮していません）。

もちろん、「投資信託」が大きく値上がりすれば儲かるかもしれません。けれど、投資商品なので値下がりすることもあります。

では、**値上がりもせず値下がりもせずにずっと同じ状況が続けばどうなるのでしょう。年間約1万円の手数料を支払って100円の利息をもらう状況が続くということです。**

そうなると、この商品で儲かるのは、あなたでしょうか銀行でしょうか。あなたは、投資信託のリスクを背負いこむことになり、銀行はノーリスクでずっと手数料を受け取り続けます。それも、あなたが「投資信託」を手放すまでずっと。

別の銀行では、退職金を預ける場合には、最大で定期預金の金利が7%つくというセット商品を出しています。これも初回3ヶ月だけの金利。条件は、退職金をもらう予定がある人で、250万円の定期預金と250万円の投資信託がセット。退職金を他の銀行に持っていかれたくないということでしょうが、これも、シビアに計算すると、銀行は絶対に損をしない仕組みが見えてきます。

【落とし穴2】「米ドル預金・金利2・5%」のセット販売

最近、人気の外貨預金にも、高い金利のものが出てきています。

前述の大手銀行で扱っているものですが、今どき魅力的な「外貨定期預金（米ドル）3ヶ月もの初回金利年2・5%」。なぜ2・5%という金利が魅力的なのかといえば、いまは世界的な低金利のために、外貨預金といえども米ドル1年ものの金利は0・5%前後にしかならないからです。

ただ、みなさんはすでに、前項の「定期預金」と「投資信託」のセット商品の説明で学習していると思います。「年2・5%」と書いてあっても、その前に「3ヶ月もの初回金利」とあれば、1年間2・5%の金利がつくのではなく、最初の3ヶ月だけ。ですから、1ドル＝100円で1万ドル預けると、受け取り利息は税引後で約50ドル、つまり1ドル＝100円なら5000円になります。

それでも、日本の金利に比べたらべらぼうに高い金利なので、これなら貯金して3ヶ月後に引き出せば、儲かる気がします。

けれど、みなさんが儲かるということは、銀行が損をするということ。そんな金融商品があるわけはありません。

では、どこで銀行は儲けて、みなさんはどこで損をしているのでしょう?

第1章で見た「外貨建て生命保険」と同様に、「**外貨預金」の場合、預け入れるときと引き出す時に、必ず手数料がかかります。「外貨預金」の手数料は、ネットなどではかなり安いところもありますが、通常の銀行だと、ドルの場合で預け入れに1円、引き出しに1円が為替レートに上乗せされます。**

例えば、為替が1ドル＝100円（中値）だとすると、預ける時のレートは101円（TTSレート）、引き出す時のレートは99円（TTBレート）になります。ポイントは、預ける時に1円、引き出す時に1円で、100円に対して合計で約2円の手数料が引かれているということ。ですから、100万円を預けると、預ける時と引き出す時で約2

万円の手数料を払うことになります。これなら、5000円の利息を払っても、銀行は差し引き約1万5000円儲かることになります。

ちなみに、3ヶ月で引き出さない場合には、次からの3ヶ月の定期金利は、0・45％になります。これについては、現在、アメリカ国債3ヶ月ものの利回りが0・97％なので、この3ヶ月ものの国債を買ってフィットさせておけば、銀行は0・97％の国債の金利をもらいながら0・45％の利息を預金者に支払うことになりますから、その差約0・5％が銀行の利益になります。つまり、どう転んでも、銀行は損をしないというわけです。

同じ「外貨預金」でも、オーストラリア・ドルなどだと、さらに高い金利がついています。同じ銀行でのキャンペーン金利は、3ヶ月もので8％。3ヶ月でも100万円を預けると約2万円もの金利がつくのですから、これは美味しい預金に見えます。

ただし、この銀行の場合、米ドル預金の往復手数料は2円ですが、オーストラリア・ドル預金の往復手数料は5円。オーストラリア・ドルが1ドル＝82円の時に預けて為替が変わらないとして計算すると、3ヶ月で年利8％利息がついても、高い往復手数料のために、100万円預けたら約99万円しか戻ってきません。

「外貨預金」だけでも銀行は儲かりますが、銀行によってはこの外貨預金に「投資信託」をセットにして売っているところもあります。そうなると、前に説明したように、確実に「投資信託」の手数料も入り、さらに儲かることになります。

ただ、銀行はどう転んでも儲かるのですが、お金を預けるほうはどうでしょう？「外貨預金」も「投資信託」もリスク商品。ですから、「リスク」×「リスク」で、ダブルのリスクを背負い込むことになります。

もちろん、「株」がバンバン上がって「投資信託」も値上がりし、さらにどんどん円安になって「外貨預金」も増えれば皆さんも儲かりますが、その逆もあります。つまり、銀行はノーリスクでしっかり儲けられますが、皆さんは、ダブルのリスクを抱え込んで先が見えないということになりはしないか心配です。

「高い金利」に飛びつくと、リスクを背負いこむことになる

低金利の中で普通に銀行にお金を預けている人は、「金利１％」以上の金融商品があると聞けば、心が動くことでしょう。

名前も聞いたことがないような小さな金融機関なら「大丈夫かな?」と警戒するかもしれませんが、誰でも名前を知っている、給与振込口座があるような大きな銀行だと、安心感があるのではないでしょうか。そこで勧められる金融商品なら、「間違いない」と思ってしまう人もいることでしょう。

けれど、**今の世の中で1%以上の金利をつけるのには、何かワケ(理由)があるはずです。そして、その大部分は、「お客様のことを考えて」というよりも、「自社の利益を考えて」というものです。**

しかも、ここで紹介したセット商品と似たようなものは、ほとんどの銀行で扱っていると言っても過言ではないでしょう。メガバンクだけでなく、地方銀行でも取り扱っているところがあります。さらにこうしたセット商品は、手数料が安いインターネット取引きでは買えず、手数料が高い窓口で相談の上買うことになっています。

銀行がこうした商品の販売に力を入れるのは、マイナス金利で、資金運用ができなくなっているからです。

企業への貸し出しが思うように伸びず、住宅ローンの新規貸し出しも伸びない中で、銀行の収益の大きな柱はカードローンとフィービジネス(手数料ビジネス)。特にフィービジネスでは、「年金もあてにならないので、今あるお金を運用しなければ」と窓口を訪ねる高齢者が多い。こうした人は、銀行にとってはまたとない上顧客です。下にも置かない歓待を受けることでしょう。

けれど、**そこで美味しい話をされたら要注意。高い金利が提示されても飛びつかないことです。その前に電卓を叩いて、自分の利益と銀行の利益をしっかり計算してみましょう。**

その計算ができない人は、無理に「投資」などする必要はありません。いくら「低金利なので増えるものに入れましょうよ」などと言われても、大切なお金を相手に委ねてはいけません。

「個人向け国債」「投資信託」「外貨預金」……なぜ豪華なプレゼントつき？

「タダより高いものはない」という言葉があります。これは、タダで何かをもらうと、代わりに頼まれごとをしたり、お礼をしなくてはならなくなって、かえって損をしてしまうということです。

ですから、通常の生活では、「無料でプレゼントします」などと言われると、相手は何が目的なのだろうと身構えます。

ところが、金融商品となると、そういう警戒心が薄くなってしまう人がいます。例えば、保険の外務員のプレゼント攻勢。バレンタインデーにはチョコレート、ホワイトデーにはクッキーと、様々なものを携えて職場に来てくれると、何となく保険に入らなくては悪い気がしてくる。

結果、言われるままに必要以上に大型の保険に入ってしまうという人は少なくありません。けれど、相手は善意で「プレゼント」しているわけではありません。大型の保険に加入してもらえれば、何十万円というマージンが売った人には入ってきますから、チョコやクッキー代などは、その見返りを考えれば安いものです。

これは保険以外の金融商品にも言えることですが、**100万円を1年間預けても利息がせいぜい80円しかつかないのに、「最大1万円プレゼント」とか、中には「最大10万円プレゼント」などというのがあります。**定期預金で1万円の利息をもらうには、金利0・01%なら少なくとも1億3000万円くらい預けなくてはなりません。そんな大金をポンと預けられる人はそういませんから、これには何か裏があると思ったほうがいいでしょう。

そこまでいかなくても「電子マネー1000円分プレゼント」とか「ギフトカード5000円分プレゼント」など、様々なプレゼントがあります。

これらのほとんどは「海老で鯛を釣る」ことを目的としています。そこで、ここでは、何が「海老」で何が「鯛」なのかを見てみましょう。

【落とし穴1】窓口で買う「投資信託」「外貨預金」は、もらう以上に払う

まず、某メガバンクが2017年3月末までやっていた、興味深い「最大10万円プレゼント」について見てみましょう。銀行が、口座に現金を振り込んでくれるというので、注目が集まりました。

これは、投資信託を1000万円以上買うと10万円がもらえるというキャンペーンですが、**注意しなくてはいけないポイントは2つ。1つは、ネットではなく窓口で買うこと。もう1つは、初めて「投資信託」を買う人に限定されるということです。**ただし、「投資信託」の口座はあっても、残高がなければOKです。

なぜ、この2つのポイントが大切なのかといえば、まずネットで買える「投資信託」には、ノーロードといって買う時の手数料が無料の「投資信託」が多い。その点、窓口で買うものは購入手数料が1％以上、中には3％以上というものもあります。1000万円の1％といえば10万円。つまり、窓口で買ってもらえば、キャンペーンで10万円をあげても銀行にとっては購入手数料でペイするし、その後は「投資信託」を持っている間中、信託報酬として手数料をもらい続けることができます。

もちろん、窓口で買う「投資信託」にも手数料無料のものがあります。けれど、そうしたものは信託報酬という運用中に支払う手数料が高い。だいたい2％以上なので、1000万円以上の「投資信託」だと、年間20万円以上の信託報酬を払うことになります。

もう1つの条件である「初めての人」というのも銀行にとっては大切なポイント。投資慣れしている人だと手数料にシビアな人もいるし、運用が良くないと他社のもっと魅力的なものに簡単に乗り換えたりする。また、知識が豊富な人だと、文句を言われた時に、難しい金融用語を使って相手を煙に巻くということもできない。その点、初心者だと、導かれるままに素直に投資商品を選ぶ人が多いのでやりやすいのでしょう。

しかも、**この時期、多額の退職金が入って、今まで投資などしたことがないのに、何**

かしなくてはいけないのではないだろうかと思う人が多い。こういう人は、一度投資してもらえば長い付き合いになって長く手数料を支払ってもらえる可能性があります。

「『定期預金』でも、高金利には要注意」の項でも詳しく説明しましたが、銀行がノーリスクで儲けられる金融商品では、それを購入する人がリスクを背負い、手数料を支払うのです。

ですから、しっかりと電卓を叩いてみれば、その「プレゼント」をもらうことが、どれだけ高いものにつくかがわかるはずです。

【落とし穴2】儲けに協力する人に豪華プレゼント

2016年から2017年の初めにかけて、ある銀行が、「最大10万円分のギフト券プレゼントキャンペーン」を行いました。預け入れ300万円以上500万円未満で5000円分のギフト券。500万円以上1000万円未満で1万円分のギフト券。1000万円以上3000万円未満で2万円分のギフト券。3000万円以上で10万円分のギフト券をくれるというのです。

なぜ、こんなに豪華なプレゼントがつくのかといえば、キャンペーン対象商品を見ればわかります。対象商品は、店頭扱いの「投資信託」と「仕組預金」。「投資信託」については本書に何度も登場していますが、「仕組預金」というのは新登場なので、ここではまずはこの「仕組預金」にスポットをあてて説明しましょう。

「仕組預金」とは、デリバティブなどの金融テクニックを使って高い金利を出している定期預金で、「円仕組預金」は、円で預けるので「外貨預金」や「投資信託」と違って銀行が破綻しても預金保険機構で守られます。ですから、定期預金感覚の商品です。

例えば、100万円を10年間、某銀行の「仕組預金」に預けたとします。金利は、1年目から5年目までが0・15％、6年目、7年目、8年目が0・18％、9年目、10年目が0・2％とあらかじめ決まっています。そして、その通りの金利がついて10年目には元本が戻ります。仮に300万円預けたら、10年間に手取りで約4万円の利息がもらえます。

こう聞くと、「銀行の定期に300万円預けても0・01％の金利しかつかないのだから、それに比べたらいい。しかも、定期預金だから、為替リスクも投資リスクもない」と思う方もおられるでしょう。

でも、そんなに素晴らしい預金なら、なぜこんな豪華なプレゼントがつくのでしょうか。

それは、「仕組預金」には、「定期預金」とは大きく違うところが2つあるからです。1つ目は、解約日（満期日）を銀行が決めるということ。2つ目は、中途解約すると元本割れする可能性があるということ。

普通の預金の場合、10年間預けるという約束でも、金利が上昇してきて元の金利のまま預けておいては損になると思ったら、すぐに解約することができます。解約する時には、それまでついた金利をもらうことになります。

ところが、**「仕組預金」の場合には、いつ解約するかは、預金している人ではなく、銀行が決めます。**

例えば、0・15％でお金を預けているうちに、金利が上昇してきて4年目に5％になったとしましょう。そうなると、0・15％で預けているよりも、そのお金を引き出して5％の定期預金に預け直したほうがおトクなので、銀行との契約を解消しようとする人が多いと思いますが、実は、預けている人にはそこで契約を解消する権利がありません。それでも、どうしてもお金を引き出したいなら、元本割れを覚悟しなくてはなりません。

逆に、0・15％で預けていて、4年目に金利がさらに低下して0・01％になったとします。そうなると、預けている人はそのままの金利のほうが有利なので続けたいと思うのですが、銀行から、「もう預かりません」と言い渡されてしまいます。

つまり、預金を続けるか途中で打ち切るか決めるのは、預金者ではなく銀行。なので、**銀行は、自分が損をすると思ったら預金を解約すれば良いし、得すると思ったら預金を続けさせれば良い。銀行にとってとても都合の良い預金ですが、逆に言えば預けるほうにとっては、自分に有利に解約しようと思うと元本割れを覚悟しなくてはいけないということになります。**

この商品の場合、3年間は解約できず、3年を過ぎると、解約するかどうかの判断は、10年が経つまで毎年行われます。つまり、銀行の儲けに貢献しないなら契約は解消されてしまうということです。

一見するとリスクが見えにくいのですが、こうした預ける側にとってのリスクがあるからこそ、豪華プレゼントがつくのです。

【落とし穴3】国債を買うはずが、投資商品に誘導される

「個人向け国債」を1億円買う人に、30万円の現金プレゼントをしている証券会社があります（２０１７年7月20日現在）。

対象となるのは、5年債、10年債で、１００万円だと２０００円プレゼント、２００万円だと４０００円の現金プレゼントといった形でプレゼント額が増え、１億円だと30万円がプレゼントされることになります。

「個人向け国債」と言えば、預金と同じノーリスクで金利もつく金融商品で、直近で販売されているものを見ると変動金利10年もので０・05％。貯金よりもちょっといいかなという感じです。

国債は、どこで買っても金利は同じなので、現金プレゼントをしてくれるところで買ったほうが明らかにおトクですが、**なぜ金利に比べてこんなに多額な現金プレゼントができるのでしょうか。**

理由は、国債を売ると、財務省から手数料が入るからです。

個人向け国債には、「固定・3年」「固定・5年」「変動・10年」の3種類がありますが、財務省からもらえる販売手数料は、「固定・3年」で額面１００円あたり20銭、「固定・5年」で額面１００円あたり30銭、「変動・10年」で額面１００円あたり40銭。ですから、1億円で30万円の現金プレゼントをしても、証券会社は損をしません。

ただ、損はしないといっても、こんなに現金をプレゼントしてしまうと、証券会社の利益はほとんどなくなってしまいます。なのになぜこんなキャンペーンをするのかと言えば、これはお金持ち発掘キャンペーンと思えばいいでしょう。

銀行なら、個人の預金口座を預かっているので、誰が金持ちなのかがわかります。けれど、投資をしない人はほとんど証券会社にお金を預けたりしないので、証券会社は、投資をしたことがないのに金持ちだという人がどこにいるのかわからない。そこで、こうしたキャンペーンで、投資をしたことがない金持ちを見つけようというのです。まずノーリスクの国債でお金を預けさせ、そのあと徐々に証券会社にとって旨みのある投資商品などへと誘導していくのでしょう。

ですから、現金プレゼントは、ノーリスクの国債で優良顧客を囲い込むためのものと思えばよいでしょう。

金融機関の「優遇」は、その背景にあるものを見極めよう

いまや現金からポイントまで、様々なプレゼントが乱れ飛び、こうしたものに翻弄される人も多いようです。

金融機関も、個人を攻略するために、様々なプレゼントを活用しています。新しくＮＩＳＡ（少額投資非課税制度と呼ばれ、毎年決まった投資枠内で株式や投資信託の配当金や値上がり益が非課税になる）を始めたら、３０００円プレゼントなどということをしているところもあります。

ほとんどの人は、プレゼントに弱い。プレゼントされたら、お返ししなくてはと思う人も多い。けれど、金融機関からのプレゼントというのは、必ずどこかでモトを取っています。一体、どこでそのプレゼントのモトを取っているのか。それがわからなかったら、むやみに近づかないほうがいいかもしれません。

「うまい話には裏がある」。その裏のカラクリをしっかり把握できないうちに動くと、じつはそのプレゼントが撒き餌で、大切な虎の子を失うこともありえます。

もし、金融機関から何かもらうなら、その背景をしっかり見極め、くれぐれも自分が不利にならないように考えてからにしましょう。「タダより高いものはない」とならないように、注意してくださいね。

日本人の弱点につけ込む「純金積立」「投信積立」

一発逆転ではなく、一歩一歩地道に、日々良くなっていくということが好きな日本人は、私も含めて多いのではないでしょうか。

そもそも、私たち日本人は農耕民族ですから、みんなで「コツコツ」畑を耕して、地道に作物を育てて、みんなで収穫を得て生活するというパターンに馴染んできました。それが、豊かな生活をするための基本でした。日本は島国なので、海に囲まれていて外敵に襲われる心配も少なかったというのが、安心して地道に「コツコツ」を続けられた要因でもあります。

ですから、日本人は、黙々と続けることが明るい未来に繋がるとずっと信じてきたし、それが日本人の美徳でもありました。

ところが、欧米は違います。彼らは、基本的には狩猟民族です。土地を耕すにしても、大陸は隣国とは地続きなので、いつ敵に攻め込まれるかわからない。「コツコツ」も大切ですが、基本的には狩りをしながら移動していく、というリスクを取りながらも進んでいく狩猟民族としての文化を培ってきました。

それは、金融の世界でも同じです。戦後日本では、大手銀行を中心として金融界がみんなで助け合いながら進む護送船団方式が取られてきましたが、海外、特に欧米では、金融機関同士が食うか食われるかの熾烈な戦いをしてきました。その中で生き残った強者が、今、金融の世界を牛耳っています。そして、金融のグローバル化によって、日本も否応なくそれを受け入れざるを得なくなりました。つまり、獲物を探し、うまく追い込んで仕留めることができる人が勝ち残る世界ということです。

その狩猟スタイルが日本に入ってきたのは、日本が本格的にグローバル化した2000年前後からです。橋本政権時代に下地が作られ、小泉政権で大きく舵《かじ》を切りました。

ところが、**日本の中には、まだ「コツコツ」スタイルから抜け切れない人が多くいます。そんな人たちをターゲットに、さまざまな積立が出てきています。**

ただ、これを「郵便局の積立定期」と勘違いすると、もしかしたら相手の思うツボにはまってしまうかもしれません。

【落とし穴1】コツコツ「金」を買いながら、コツコツ手数料を払う

皆さんの中には、「純金積立コツコツ」というCMを見て、「金」の積立に興味を持っている方もいるのではないかと思います。「コツコツ」というのが、なんとも心地よく耳に残るCMです。

これは毎月、一定額で「金」を少しずつ買っていく投資方法で、月々1000円から始められるという手頃さが売り。しかも、購入代金は、事前に指定された口座から毎月自動引き落としされていくので、忘れていても「金」が買われて積み立てられていきます。

買った「金」は、換金することもできるし、金地金や、積み立てる会社によっては、これでアクセサリーに交換できるケースもあります。

ただ、**「純金積立」という金融商品のネックは、2つあります。**

1つは、手数料がかかること。もう1つは、価格が安い時にまとめて買うということができないこと。

まず手数料ですが、「純金積立」をするには、始める時に年会費、手数料がかかると

ころが多く、売却する時にも売却手数料がかかるケースが多くあります。例えば、某大手金取扱会社で月３０００円の積立をする場合、年会費は１０８０円で、購入手数料は一律２・５％なので１年積み立てると、１０８０円＋３０００円×２・５％×12ヶ月＝１９８０円の手数料になります。

月々３０００円の積立なら１年で３万６０００円なのですが、ここから１９８０円の手数料が引かれるということ。３万６０００円に対して１９８０円の手数料を支払うということは、手数料が５・５％ということで決して安くはない。

さらに、会社によっては、そのほかに「金」の保管代がかかるところもあります。

また、「金」という商品は、買値と売値が違います。例えば、２０１７年６月７日のレートで見ると、金１グラムの買値は４９５２円、売値は４８６７円で、85円の差がありますが、これは税金と手数料。こうしたものも考慮すると、買った時よりも１割以上価格が上がっていないと、「トクだった」ということにはならないでしょう。

日本の金価格は、海外の金価格と為替に左右されます。ですから、「金」の価格が変わらないとしたら、**為替が１割以上円安になっていなくてはトクしたとは言えないということです。**

難しいのは、通常の「金」なら、買った時よりも値上がりしたところで売れば儲かりますが、「純金積立」は、そう都合よくはいきません。なぜなら、毎日コツコツ買っているので、いくらで買ったのかが把握しにくい。損得がわかりにくい商品なのです。

もちろん、月々3000円ずつ1年間積み立てたとすれば3万6000円投資しているのだから、「金」の価格が3万6000円以上になったら売れば良さそうですが、積み立てたものを「金」でもらう時には、さらに別途に手数料がかかります。

もう1つの問題点は、通常の「金」の売買のように、安い時に買うということができないこと。為替が円高になって「金」の価格が下がったら買い、円安で上がったらそのタイミングで売るということができません。「ドル・コスト平均法」と言って、値上がりしたら少し買う、値下がりしたらたくさん買うという方法を取っているので、価格が平均化されてしまっているために、「金」を安く買えないのです（詳しい説明は次項に）。ですから、金価格がよほど上がるか、為替がよほど円安にならない限り、儲けが出にくい構造になっています。

この商品は、**売るほうにとってはそれこそ「コツコツ」確実に手数料が稼げる儲かる商品なのですが、買うほうは「コツコツ」手数料を払い、しかも値上がりしないかもし**

れないリスクを抱えなくてはならないということです。

確かに、月3000円くらいなら、そこらの飲み屋で使ってしまったと思えば諦めもつく金額。そういうつもりでやるならいいのですが、これで「投資」や「運用」をやろうなどとは、間違っても考えないことです。

【落とし穴2】金融機関が大絶賛「ドル・コスト平均法」は、愚の骨頂

「投資初心者は、まずコツコツと地道な積立から」、こんなセールストークで売られている投資商品は、他にもたくさんあります。たとえば、積立型の投資信託。

この商品も、第1章の冒頭で指摘したように、「地道にコツコツ」＝「安全性が高い」という、貯金のイメージを意図的に売る側が強調している気がします。

ここで持ち出されるのが、「ドル・コスト平均法」という、売る側に都合の良い理論。毎月一定額ずつ投資商品を買えば、高い時には少ししか買えず、安い時にはたくさん買えるので価格が平均化してリスクが減るというのですが、これは本当でしょうか？

いろいろなところで、良い方法だと喧伝されまくっているのですが、私は、個人的に、

投資で使うなら最悪な方法だと思っています。

なぜなら、投資というのは、安く買って高く売るから、手数料を払っても儲かるのです。手数料まで払って、わざわざ平均的な価格で投資商品を買う必要はないでしょう。

例えば、投資できるお金が6万円あったとします。わかりやすくするために、「ドル・コスト平均法」で毎月1万円ずつ株を買うとしましょう。1ヶ月目が一株100円なら、1万円で100株買えます。2ヶ月目に一株80円なら125株買えます。3ヶ月目が一株40円なら250株、4ヶ月目に一株80円なら125株、5ヶ月目に一株200円になっていたら50株、6ヶ月目に100円なら100株買えます。すると、半年で750株買えるので、トータルすると一株あたりの株単価は80円になります。最初に100円で買っても、「ドル・コスト平均法」で買えば80円になるのでリスクが減るという説明です。

けれど、もし6万円あり、「ドル・コスト平均法」など使わずに買ったらどうなるでしょう。

1ヶ月目が一株100円で100株買い、2ヶ月目に一株80円で125株買い、3ヶ月目が一株40円で250株買う。けれど、4ヶ月目に一株80円になったら、前の月の40

円よりも高くなっているので、自分で買う場合は購入を見送るという選択ができます。さらに、５ヶ月目の２００円、６ヶ月目の１００円も見送れば、３万円で４７５株を買っていますから、一株あたりの単価は約63円。「ドル・コスト平均法」よりも、はるかに安く買えます。少なくとも、一株２００円になったものをわざわざ買うマヌケな人はいないでしょう。

これは、積立投資信託でも、同じことです。しかも、積立投資信託の買い付けは、多くの商品が月に1回、あらかじめ決まった日に行われます。

投資は、安い時に買って値上がりしたら売るから手数料を支払っても儲かるのですが、高かろうが安かろうが決まった日に買ってしまうという、とんでもない買い方をしているのが「ドル・コスト平均法」を使った買い方です。

繰り返しになりますが、投資というのは、安い時に買って値上がりしたタイミングで売るから儲かるのです。タイミングもへったくれもなく売り買いするというのは、それだけ投資リスクを高めることになります。

大量のお金を扱うプロの投資家が、いちいち市場への目配りができないので「ドル・コスト平均法」を使って毎日平均的に買ってコストを安定させるというような思惑で使うなら悪い方法ではないかもしれませんが、個人投資家で、投資できるお金が1000万円以内の人なら、もっと目配りして利益を上げる方法はいくらでもあるはずです。少なくとも、値上がりした時には買わないというルールを決めれば、「ドル・コスト平均法」には勝てます。

ただ、**売る側にとっては、「ドル・コスト平均法」を錦の御旗に掲げれば、手間がかからず毎回必ず手数料が入ってくるという大きなメリットがあります。しかもノーリスクで。**

けれど、皆さんにとっては繰り返しになりますが、高い手数料を支払って、高い投資商品を買わされてしまうことになりかねない。

「初心者向け」などと言いながらこんな商品を販売しているのは、まさに初心者をカモにしているとしか思えません。

【落とし穴3】金融機関が勧める「長期投資」の幻想

世の中には、「長期投資」という言葉に、心動かされる人が多いようです。

「これは、長期投資に向いた商品なので、コツコツタイプのあなたにぴったりです」。そんな言葉を聞くと、「自分は派手に勝負するタイプではないし、少しずつでも時間をかけて将来的に良くなるようなものに向いている」と思う人は多いようです。

今から約20年前、日本の長期投資の元祖とも言える「さわかみ投信」の澤上篤人氏にお会いし、世界恐慌の中でも価値を落とさなかった海外のファンドの実績を見せていただき、投資するならこうしたものにしなくてはいけないということを実感しました。けれど、あれから20年、同じようにきれいに右肩上がりになっている投資信託には、一度もお目にかかからずじまいとなっています。

そして私なりに理解したのは、**個人で将来有望な株を買ってその会社が良くなることで自分も儲かるという意味での「長期投資」はありえるが、運用を他人任せにする「投資信託」では、「長期投資」は難しいのではないかということ。**

理由は2つ。1つ目は、投資信託を運用している人のほとんどが「雇われファンドマネージャー」であること。彼らは、3ヶ月か、長くても6ヶ月目には運用実績を出さなくてはなりません。外資系証券会社などは、運用成績が悪ければ平気でクビにします。そんな環境で働かされている人たちに、果たして何年も先を見据えた運用などできるのでしょうか。

もう1つは、経済は生き物だということ。特に、今のように状況がコロコロと変わる中では、先がなかなか読みにくい。そのつど、時流を読んだ適切な運用方法を選択していかなければこの荒波は乗り越えられません。

ですから、「長期投資」そのものが難しい状況になっています。

では、なぜみんな、「長期投資」が大切と声をそろえて言うのでしょうか。

売る側が「長期投資」と言う時に、「期間は5年の長期です」とか「期間は10年の長期です」などと、具体的にどれくらい「長期」なのかを示すケースはほとんどありません。漠然と「長期投資」というケースがほとんど。たぶん、投資初心者で「コツコツ」が好きな人には、とにかく「長期投資」と言っておいたほうが安心感があるからでしょう。

しかも、期限さえ区切らなければ、ド最低の状況にある投資信託でも、いずれ潮目が変わって値上がりしてくる可能性もある。投資信託が値下がりして、客が怒って怒鳴り込んできても、「まあまあお客さん、言ったじゃないですか、この投資信託は長期投資なので、長い目で見れば将来は上がってきますよ」などとごまかすこともできる。客が

「そうかな」と思って待っているうちに、売った本人は配置換えで他の部署に回されてしまったり、別の会社に移ってしまったりで、文句を言う相手もいなくなるということでしょう。

そもそも、世の中の流れはとても速くなっていて、半年先のことも予測不能。そんな中で、「長期投資」などということは、そもそも難しい。それでも「長期投資」が良いなら、誰かに頼るのではなく、ウォーレン・バフェットのように、買った株を売らずにじっと持ち続けていることです。

投資と「コツコツ」は、矛盾した概念

投資商品を「コツコツ」買って積み立てたり、「長期投資」をすれば、明るい未来が待っているなどというのは、投資の世界では迷信に近い。地道に続ければ将来良くなるというのは、日本がグローバル化する以前の常識です。

グローバル化した世界の投資は、「コツコツ」でも「時間をかけて」でもなく、稼げる時に、稼げるだけ稼いでおく狩猟型の投資。そのため、多くの人は時間とお金をかけ、

より多くの情報を集めて勝つための投資をしています。

そんな中で、誰かに選んでもらった「投資信託」を、ただじっと長いあいだ持っているだけで増えるなどと思うのは、幻想に近い。繰り返しになりますが、「投資信託」は、あなたが持っている間はどんな状況になっていようと、金融機関にとってはノーリスクで「コツコツ」手数料を稼ぐことができる魅力的な金融商品です。

「コツコツ増やす」というのは、悪いことではありません。むしろ、個人的にはそうやって蓄財していくべきだと思います。

けれど、これは銀行の預金のように、地道な積み上げでリスクがなく確実に増やしていける金融商品の場合に限ったことです。生き馬の目を抜くような、「投資」の世界では、通用しない常識なのです。

老後に負債を抱え込む「マンション投資」

「1000万円のマンションで、年間100万円の家賃収入。利回りなんと10%。頭金がゼロ円。サラリーマンでも節税になり実質年収のアップに繋がる。老後も年金代わり

になる高利回りのマンション投資」

こんな広告を見たら、あなたはどう感じますか。手持ちのお金が一銭もなくても、マンションが持てて、それが今の給料の手取りを上げてくれるだけでなく、将来年金代わりになるとしたら、こんなうまい話はないと思うかもしれません。

この広告の困ったところは、100％嘘ではないところ。しかも、こうした広告につられてマンション投資をしようかと考える人のほとんどは、不動産には素人とも言える人たちです。そうした人たちにとっては、仮に全て嘘でも、その嘘さえなかなか見抜けないのに、少しの真実が混じっていたら、見極めはさらに難しいでしょう。

そこで、この広告の「真実と嘘」を読み解いてみましょう。

【落とし穴1】儲かるどころかマイナスになる可能性

まずこの広告の「**1000万円のマンションで、年間100万円の家賃収入。利回りなんと10％。頭金がゼロ円**」について見てみましょう。

1000万円のお金を投資して、年間100万円が手に入れば、確かに利回りは10％。

誰が電卓を叩いても、10％になります。そして、年間100万円の家賃収入ということは、月々の家賃は8万3000円ほど。都心なら1DKでこれくらいの物件はあります。

ただ、ここで見落としてはいけないのが、「頭金ゼロ円」。つまり、1000万円は手持ちのお金ではなく、借入金ということです。当然ながら借入金には利息がつきます。投資用マンションのローンを借りる場合には、通常の住宅ローンよりも金利が少し高めで2〜5％。仮に1000万円を3・5％、30年返済で借りると、総返済額は約1620万円、月々の返済額は約4万5000円になります。そうすると、家賃が月8万3000円で年間約100万円の収入が得られたとしても、全額をローンで借りると、1000万円ではなく1620万円なので、利回りは10％ではなく、約6・2％ということになります。

さらに、マンションを買う時には物件価格の他に様々な費用がかかります。不動産取得税、登録免許税、司法書士の手数料や販売手数料、消費税などで約80万円。クリーニング、リフォーム、エアコンや電子レンジなども付いていないと借り手がないので、こうした費用を50万円とすると130万円かかります。これで、投資するお金はトータルで1750万円ということで、利回りは約5・7％に下がります。

いっぽう、月の家賃は約８万３０００円ですが、ここから大家として支払わなくてはならないものがあります。マンションの管理費と修繕積立金で月約２万円。家賃の徴収などは、通常は不動産業者が管理代行するので、この代金が家賃の５～７％程度。さらに、固定資産税、都市計画税、団体信用生命保険料、火災保険料などを払うと、家賃収入は月８万３０００円から５万円程度に下がります。

この時点で、利回りは３・４％ほどに下がります。３・４％なら、銀行預金よりもいいと思う方もいるかもしれませんが、ここには、まだ、そのほかに予想される３つのリスクが織り込まれていません。

１つ目は、空室のリスク。賃貸は２年契約ですが、基本的には入居者が出て行ってから、新しい入居者の募集をかけます。ですから、２年に１度、２ヶ月の空室が出ると仮定して、これを月々の収入から差し引くと月約７０００円。

２つ目は、予期せぬ修繕のリスク。トイレが詰まったり、エアコンが壊れたり古くなって買い換えたり、風呂の追い焚きができなくなったりと様々なトラブルに対処する費用は大家持ち。水回りの工事などは１回30万円くらいかかります。こうした費用を年間10万円とすると、月約８０００円。

3つ目は、マンション老朽化のリスク。古いマンションは、そのぶん家賃が下がっていきます。最初は8万3000円の家賃でも、築20年、築30年となるうちに月5万円でも借り手がないという状況になってくる可能性があります。このリスクを月1万円とすると、この3つのリスクで月約2万5000円ということになります。

このリスク分の月約2万5000円を家賃から差し引くと、手元に残るのは2万5000円。4万5000円のローンを返済しながら、確実に手にできるのは2万5000円程度ということですから、ローンの返済額が4万5000円だとローンが終わるまで30年間、月約2万円ずつ自腹を切り続けるということになります。しかも、この3つのリスクを織り込んだ利回りは、1・7％程度ということになります。

【落とし穴2】実は、それほど節税効果がない

「1000万円のマンションで、年間100万円の家賃収入。利回りなんと10％。頭金がゼロ円」は、机上の計算ではそうなるかもしれませんが、実際にマンション経営をした場合には、そうならないことはわかっていただけたでしょうか。

では、広告の中段の「**サラリーマンでも節税になり実質年収のアップに繫がる**」は、どうなのでしょうか。

これも、嘘とは言い切れません。なぜなら、買った投資用マンションが赤字計上されれば、そのぶんを給料から天引きされている所得税が安くなるからです。つまり、所得税が戻るので、結果的に手取りが増えるということになります。ただし、その金額は、人によって違います。

例えば、年収400万円で専業主婦と2人の子供がいたら、年間に支払う所得税は3万円ほど。同じ家族構成で、年収800万円なら22万円ほど。年収1000万円なら52万円ほど。年収1500万円なら140万円ほど。節税というのは、払う税金が少なくなるということですから、税金を支払っている範囲内でしか節税はできません。つまり、年収400万円の人だと投資用マンションでフルに節税できるとしても3万円程度ということになります。しかも、医療費控除やふるさと納税など、他の節税策を使っていない場合です。

では、年収1500万円の人なら140万円が返ってくるのかといえば、そうではありません。不動産投資で、赤字が出たら、そのぶんは税金が減らせるということなのです。不動産では、減価償却費と言って買った物件の一部をマイナス計上することができます。例えば、1000万円で買った投資マンションが20年間利用できるとすれば、毎年50万円ずつ価値が下がるということなので このぶんを減価償却費とすることができます。ただし、これを収益から引くということなので、**節税効果はそれほどないと思ったほうがいいでしょう。**

【落とし穴3】30年で、マンションがボロボロに

冒頭の広告の、「**サラリーマンでも節税になり実質年収のアップに繋がる**」というのは、ないことはないかもしれないが、普通のサラリーマンではあまり節税効果がないということはわかってもらえたと思います。

では、「**老後も年金代わりになる高利回りのマンション投資**」というのは、どうなのでしょうか。

不動産会社の投資説明を見ると、驚くようなことが書かれています。投資用マンションは、最初の30年はローン負担があるのでそれほど利回りが上がらないかもしれないが、

ローンを返済し終わると家賃が丸々収入になるので、利回りも上がって老後の年金代わりになるというのです。

物件は、年数が経てば老朽化してきます。特に他人に貸しているようなマンションは、傷みが早い。しかも、投資用物件の場合には、利回りを上げるための丁寧な修繕・修復ができないところが多く、30年も経てばボロボロで二束三文にしかならなくなっているケースも多いことでしょう。

しかも、これからは老朽化マンションが急激に増えてきます。

日本には、現在６２３万３０００戸（２０１５年）の中古マンションがあります。さらに、相続税対策などで賃貸用の新しいアパートやマンションがどんどん建ってきます。加えて、少子化で１人っ子と１人っ子が結婚したら、家が１つ余る時代。今でも都心でさえ10軒に１軒は空き家で、野村総合研究所の試算では、２０３３年には空き家率は30%を超えるとのこと。

30年後、もしかしたら「老後の年金代わり」になるどころか、借り手がいないのにメンテナンスには多額の費用がかかる、お荷物になっているかもしれません。

不動産は「老朽化」を抱えた、ちょっと特殊な投資商品

不動産広告の「1000万円のマンションで、年間100万円の家賃収入。利回りなんと10％。頭金がゼロ円。サラリーマンでも節税になり実質年収のアップに繋がる。老後も年金代わりになる高利回りのマンション投資」を詳しく見ると、買った人は必ずしもトクをしないということがわかるでしょう。トクをしないどころか、このマンションを買ったとたんにローンが終わる30年後まで実質的には自分のお金を持ち出すマイナス状況が続く可能性があります。

しかも、やっとローンが終わったと思ったら、今度は老朽化で、老後生活のお荷物になる可能性があります。

でも、なぜこうした考え方ができないのでしょう。

それは、不動産を他の金融商品と同じように考えるからです。例えば株価は、会社の価値が上がれば株価も上がり、会社の価値が下がれば株価も下がりますが、少なくとも会社が倒産しないかぎりは、紙くずにはなりません。

けれど、不動産は、買った時に一番価値があって、年数が経つほどその価値が下がっ

ていきます。海外では、古くても価値のある不動産はたくさんありますが、日本では、みなさんが買うような数千万円の投資用マンションの場合、必ずと言っていいほど価値は下がっていきます。

貯金なら、１０００万円預けたら、この１０００万円に対して微々たるものでも利息がついていくのですが、投資用マンションで１０００万円の物件を買うと、２年目には９５０万円の価値になり、３年目には９００万円の価値になるというように、物件そのものの価値が下がってゼロに近づいていきます。

もっと怖いのは、買って10年目に、持ち出しばかりなので売ろうとした場合。１０００万円で買った１ＤＫのマンションだと、よっぽど立地がよければ別ですが、通常はよくて５００万円。ところが、ローンがまだ７７０万円残っているので、売ったらただただ２７０万円のローンだけが残ることになり、売るに売れないという状況になる可能性があります。

そうなったとき、「ああ、投資用マンションなど買わずに、貯金しておいたほうがよかった」と後悔しないように、最初にしっかりソントクを計算する。計算できないなら、投資用マンションになど、近づかないほうがいいでしょう。

第４章　なぜ「個人年金」はダメか

「公的年金がダメなら、個人年金」なのか？

最近、よく金融機関からかかってくる電話で、「公的年金もあてにならないので、老後に備えて『個人年金』に興味はありませんか」という勧誘があります。

確かに、誰もが「公的年金」には不安を抱いている。本当に「公的年金」だけで心配なく老後が迎えられるのかと思っている人は多いでしょう。

小泉首相が「１００年安心」と豪語した年金は、たった12年で抜本改正となり、安倍首相が「最後のお１人までお支払いします」と言った宙に浮いた年金は、その数約２０００万人を残したまま打ち切り。年金積立金も後先考えずに株式市場に注ぎ込まれて、安定的な運用が難しい状況になっています。「下流老人」が流行語となる中、老後への不安はますます増幅されています。

確かに、「公的年金不信」は日増しに大きくなっています。

そのためか、自分で入る「個人年金保険」が人気となっています（以降、「公的年金」と対比させる意味で「個人年金保険」を「個人年金」とも記します）。2015年の「個人年金」の加入件数は約2075万件で、10年前の1580万件から3割以上も伸びています。契約保有高も、約104兆円と個人の金融資産の中でもかなりの比率を占めています。加入者を見ると60歳以上が2割近くいて、高齢者が老後に不安を抱いている状況が推察できます。しかも、ここ1年で新たに加入した人を見ると、40代が一番多い。さらに20代でも16％ほどいて、若い人も老後の不安を抱え、「個人年金」に加入しているようです。**確かに、「公的年金があてにならない」というのは、その通りでしょう。ですから、「個人年金」で老後の不安を少しでも払拭しておきたいという気持ちはわかります。**

けれど、この商品には、実は大きな欠陥がいくつもあるのです。この章では、「個人年金保険」が抱える大きな欠陥について見ていきましょう。

「個人年金」には、大きく2つのパターンがある

老後の資金を少しでもカバーしようと思ったら、みなさんがまず検討するのは、民間保険会社の「個人年金」でしょう。

いま販売されている「個人年金」には、大きく2つのパターンがあります。それは、従来型の「いま月々〇〇万円払えば、将来必ず毎月〇〇万円もらえます」というパターン。一括で払って、老後に月々決まった額をもらうというパターンもあるし、月々決まった額を支払って、老後に一括してもらうというパターンもあります。中には、払った額を夫婦で受け取る仕組みになっているものもあります。

いずれの場合も、あらかじめ支払う額ともらう額が決まっています。

これに対して、新しく出てきたのが、あらかじめ支払った保険料を運用してその運用次第で将来もらえる年金額が変わる「変額個人年金」です。

「変額個人年金」は、アメリカで生まれた「個人年金」で、アメリカ最大の年金基金である米教職員保険年金連合会・大学退職株式基金が1952年に取り扱いを開始したも

の。1980年代に法改正され、課税の繰り延べなどの税制面が整備されたことで一般的に普及し、1990年代には株式相場の上昇にともなって爆発的に売れるようになりました。

アメリカでは、今でも人気のあるタイプの「個人年金」です。

この「変額個人年金」が日本に上陸してきたのは、1999年。**外資系生命保険会社から売り出され、当時はあまり注目されない商品でしたが、2002年に銀行が窓口で保険商品を販売できるようになり、利益率が高かった「変額個人年金」は、銀行の窓口で盛んに売られるようになりました。**

それまでの資産残高は5000億円程度でしたが、銀行が売り始めてから爆発的に伸び、4年半後の2007年3月末には、なんと資産残高は25倍以上の14兆円を超えました。

けれど、この違うタイプの2つの「個人年金」は、それぞれに大きな欠陥を抱えています。結果、「老後の安心」のために入る年金が、「老後を不安にする商品」になりかねない状況になっています。

そこで、まずは従来型の「個人年金」から見てみましょう。抽象的な話ではなく、具体的に「個人年金」の欠陥を実感できるように、ここでは、従来型の「個人年金」の中でも戻ってくるお金の率がかなり高く、人気があると言われる某大手生命保険会社の商品を参考にしました。

この商品を見れば、他社の「個人年金」のソントクがどうなのかということは、推して知るべしということになるでしょう。

従来型は、払う保険料と老後にもらえる額が決まっている

従来型の「個人年金」の中でも、将来的に保険料が運用されて戻ってくる率が高いということで人気だと言われている、某大手生命保険会社の商品。パンフレットを見ると、この年金の年金受け取り率は１０６・３％となっています。

９６０万円の保険料を払えば、最終的に１０２０万円をもらうのですから、パッと見るとかなり増えて戻ってくる印象があります。これなら、低金利で銀行預金にお金を預けておくよりも大きく増えそうな気がします。

ただ、詳しい内容を見ると、これは、20歳の男性が60歳まで保険料を月々２万円ずつ

支払い、60歳からの10年間に、毎年１０２万円の年金をもらうケース。加入する年齢が上がると、当然ですが同じ月々２万円ずつ支払っても受け取り率は低くなります。例えば45歳で加入したとすると、年金受け取り率は払った保険料に対して１０１・７％になります。

話を20歳で加入した場合に戻すと、保険料の支払い総額は40年間で９６０万円。その後、60歳から10年間で１０２０万円をもらえますが、これを10年間でもらわずに60歳の時に一括でもらうと約１００６万円になります。

ただ、それでも、銀行預金０・００１％などという金利に慣れてしまった方には、高利回り商品に見えるのではないでしょうか。

けれど、ここには「４つの大きな落とし穴」があります。

【落とし穴１】増えないばかりか、金利上昇に弱い

「保険料の支払い総額が９６０万円で、もらえる保険金が１０２０万円なので払った保険料に対してもらえる年金が１０６・３％になる」と聞くと、なんとなく有利な気がするかもしれません。しかも、保険料の支払いが終わる60歳の時に一括でもらっても約1006万円になるのですから、早くから始めたほうが老後が安心という気がします。**ただ、ここでしっかり見ておかなくてはいけないのが、20歳から60歳までには40年あり、その40年間ずっと支払いがあるということ。**

そこで、思い起こしていただきたいのが、「外貨建て生命保険」の項（22ページ）での、「貯金は三角、保険は四角」という内容。そこでは、「保険」と「貯金」は性質が違うものなので、比較することはできないと書きました。「貯金」は積み立てた額だけしかもらえないが、「保険」は、保険料を払い込んだ直後でも常に一定額の保障が付いていて、この保障額は最後まで変わらないということです。

これは、一般的な「個人年金」でも同じで、スタートと同時に、一定額の保障が付いているものが多くあります。ですから、保障にお金がかかるぶん貯蓄としての利回りは落ちます。

ところが、ここで取り上げる利回りの良い「個人年金」は、加入したとたんに一定額の保障が付くのではなく、保険料を払い込んでいる間に死んでも、払い込んだ額しか戻ってこないような商品設計になっています。たぶん、後でもらうお金の利回りを上げるために死亡保障を削っているのでしょう。

通常は、「保険」と「貯金」を比べることはできません。けれど、この「個人年金」については、途中で死亡しても払い込んだ額くらいしか戻ってこないので、預け入れた額と利息しか戻らない「貯金」と比べることができます。

そこで、ここではこの「個人年金」と「貯金」を比べてみましょう。

この「個人年金」に20歳から月々２万円ずつ支払っていくと、60歳で一括受け取りできる金額は約１００６万円ですが、もし銀行の半年複利の「貯金」に月々２万円ずつ預けて60歳の時に一括で約１００６万円もらうとすれば、「貯金」の利率はどれくらいでしょう。計算すると、年間利回りは０・６％になります。

つまり、この「個人年金」で40年間保険料を払っていっても、銀行で０・６％の利率の「貯金」を40年間半年複利でしていっても、受取額はさほど大きくは変わらないということです。

こう書くと、「だとしたら、いま定期預金をしても０・01％なのだから、年金のほうが有利ではないか」と思う方もいらっしゃるでしょう。

確かに、今と同じ低金利が今後40年間ずっと続くなら、「個人年金」のほうが「貯金」

よりも有利かもしれません。けれど、もし40年の間に金利が上がってきたらどうでしょうか。

今でこそ「定期預金」の金利は0・01％ですが、40年前の1977年の郵便局の「積立貯金」の金利は4・2％でした。「定額貯金」の金利などは、この時期6％もついていました。ちなみに「定額貯金」の金利は、1980年には8％をつけ、その後、低下しています。もし、1980年に郵便局の「定額貯金」に100万円預けていたら、10年後には預けた100万円が、倍の約200万円になっています。

今の金利は史上最低ですが、金利というのは状況次第では高くもなり低くもなります。そして、これから40年の間のことを考えると、金利が上がる可能性は高い。

「貯金」は、金利が上がったら、その金利が適用されていきます。けれど、この「個人年金」に預けたお金の金利は上がりません。従来型の「個人年金」の場合は、いったん加入したら、加入した時に決まった運用利回りで最後まで運用されていくからです。

「貯金」の金利が3％とか4％に上がったとしても、「個人年金」は、いったん0・6％で契約してしまったら40年間0・6％のままなのです。

40年後にどうなっているのかなど、誰にもわかりません。もしかしたら途中で解約し

なくてはならない状況になるかもしれませんが、そうなると、元本割れの危険もありま す。将来どうなっているのかが誰にもわからないなら、今から、40年間も低い利率で運用することを約束してしまう必要はないでしょう。

【落とし穴２】従来型は、インフレに弱い

従来型の「個人年金」の２つ目の落とし穴は、インフレに弱いこと。

前述の「個人年金」でいえば、月々２万円ずつ40年間支払っていくと、60歳から10年間は、年額１０２万円の年金がもらえます。トータルで約１０２０万円なので、60歳から80歳まで20年間生きたとすると、月約４万円ずつ使えるということになります。

「月々２万円ずつ積み立てると、将来月４万円使えます」と聞くと、なんだか安心します。けれど忘れてはいけないのは年金をもらうのは積立が終わる40年後ということ。もちろん、40年後まで今と同じような「デフレ」という状況がずっと続いていれば、月４万円使えれば嬉しい気がするかもしれません。

けれど、日銀が目標とする２％の緩やかなインフレが40年間続いたらどうでしょう。

この場合、40年後は貨幣価値が約45%になります。つまり、40年後にもらう4万円の価値が、今の2万円の価値とあまり変わらなくなってしまうということ。もし、40年後の4万円が、今の2万円の価値とあまり変わらなくなっていたら、40年間2万円ずつ支払って、40年後に4万円（現在の2万円に相当）を20年間もらうということ。これは、どう計算しても損ではないでしょうか。

インフレ率が2%という緩やかな状況でも貨幣価値の下落で損をしますが、もし日本がブラジルのように10%近いインフレに見舞われたらどうなるのでしょうか。老後は、月4万円もらっても、ブラウス1枚買えないということになっているかもしれません。

では、「預金」ならどうでしょう。デフレがずっと40年間続けば金利は上がらず、預金残高も増えないでしょう。**けれど、もしインフレになったら金利も上昇してきますから、預金金利も上がってくる可能性があります。また、「預金」の場合には、引き出して、インフレに強い有価証券などの資産に替えて持つという選択もできます。**

この先40年後に、インフレになっているのかデフレが続いているのかなどということは、誰にもわかりません。わからないのに、大切な虎の子を「個人年金」などに預けるというのは、博打をするようなものです。そんなリスクがいっぱいの「個人年金」を、なぜ若い頃から始める必要があるのでしょうか。

【落とし穴3】 年金をもらう以前に、必要な出費がたくさんある

私が、若いうちから「個人年金」に入ることをお勧めしないのは、低い利回りでずっと預けなくてはいけないことやインフレリスクがあるだけでなく、家計の資金の流動性が失われてしまうからです。

たとえば前述の20歳の男性の場合、これから結婚もするでしょう、家も買うでしょう、子供もできて教育資金も必要になるでしょう。もしかしたら、自分の老後を心配する前に、親の老後を心配することになるかもしれません。

つまり、長い人生の中で、これからお金が必要になることが山のように出てくるかもしれないということです。

けれど、そういう時に月々2万円を「個人年金」に支払っていたら、マイホームを買うにも住宅ローンをたくさん組まなくてはならない、教育ローンも借りなくてはならないということで、ローンが増えてしまう可能性があります。年金は0・6％で増えるか

もしれませんが、各種ローンでその何倍もの利息を払わなくてはならなくなります。

しかも「個人年金」の場合、入って間もなく続けられないからと中途解約すると、多額の違約金を取られて元本割れしてしまう可能性があります。「個人年金」は、加入したら早い時点で保険会社の手数料などが回収されるので、かなり時間が経たないと解約時にプラスにはなってきません。

もちろん、契約者貸付といって、加入している保険を担保にお金を借りることもできますが、「個人年金」を預けている利回りの2倍くらい利息を取られるので、何のために保険料を払っているのかわからなくなります。

では、子供が社会人になって、それほど人生で大きなイベントがなくなったら始めればいいのでしょうか。

この「個人年金」には、55歳からスタートして75歳まで積み立て、そこで年金をもらうタイプもあって、それだと480万円の保険料を支払って75歳に一括でもらうと約481万円を受け取ることができます。20年も積み立てて1万円しか増えません。

これなら、わざわざ「個人年金」でなくても、「貯金」で充分という気がします。

繰り返しになりますが、「個人年金」は、途中で解約すると元本割れの可能性があります。けれど、「貯金」なら、いつ取り崩しても、預けた額に利息がついて必ず戻ってきます。また、有利な利率で預け替えることもできます。

【落とし穴4】自分より先に、保険会社が「死亡」するかも

最後に、「個人年金」で心配なのは、もしかしたら私たちが死亡する前に、保険会社が経営破綻するかもしれないというリスクがあることです。

バブル崩壊後、不良債権を山のように抱えて、東邦生命、日産生命など、いくつかの生命保険会社が破綻しました。

生命保険は、加入している生命保険会社が破綻しても、「生命保険契約者保護機構」で守られることになっています。例えば「死んだ時に3000万円の保険金が出る」とか「病気で入院したら1日1万円給付される」などという保険契約は、保険料を払い込んでいる限り契約が切れるまで守られます。保険そのものは他の会社に移管されます。もし、移管先が見つからなくても、機構が守ることになります。つまり、契約はそのまま続くということです。

ただし、「個人年金」のような貯蓄性の保険については、利回りが下がる可能性があります。基本的には、責任準備金という保険の支払いのために準備していたお金が、1割ほどカットされるからです。つまり、予定よりももらえる年金が減ってしまう可能性があります。

もちろん、保険会社は金融庁の管轄下で厳しく財務内容などをチェックされているので、そう容易に破綻することはないでしょう。けれど、過去にはいくつもの保険会社が破綻した歴史もあるので、それについては頭の片隅に入れておいた方がいいでしょう。

早いうちに加入すると、ますます老後が不安になる

先のことは、誰にもわかりません。なので、不安だからと「個人年金」に加入すると、もしかしたらますます不安になってしまうかもしれません。

従来型の「個人年金」は、いま加入すると低い利回りがずっと続き、インフレに弱いという面があります。

ただし、過去の運用利回りが高かった頃に加入している人は、低金利のいまでも、高い運用利回りで運用されているので「お宝年金」と言えます。

「個人年金」の運用利回りは、1993年3月までが5・5％、93年4月から94年3月までが4・75％、94年4月から96年3月までが3・75％、96年4月から99年3月までが2・75％。20年前に加入しているという人は、解約せずにその「個人年金」を最後まで大切にしてください。

「変額個人年金」は、「運用次第で増える可能性もある」のか？

いま販売されている「個人年金」には、大きく2つのタイプがあると述べました。1つは、前述した「たとえば、月々〇万円ずつ積み立てると、将来4万円もらえます」という従来型の「個人年金」。これは、いまのような低金利で先が見えない中では、加入しても将来の不安の種が1つ増えるだけ。これから入るには魅力がなさすぎるのでやめた方がいいということを書きました。

では、もう1つのタイプ、「運用次第で大きく増やすことができます」という「変額個人年金」についてはどうなのでしょう。

「変額個人年金」は、預かったお金を、株や債券などで運用していく金融商品で、日本では1999年に登場しました。ただ、発売当初はバブルの頃に販売されて多くの人に損失を与えて訴訟が相次いだ「変額保険」と混同されたためか、いまひとつ人気がありませんでした。

この商品が爆発的に売れ始めたのは、2002年10月に銀行が窓口で保険商品を販売し始めてから。それまで生命保険会社はあまり積極的には「変額個人年金」を売っていませんでしたが、銀行の窓口販売解禁がきっかけとなって爆発的に売れるようになりました。「変額個人年金」の販売累積件数は、銀行の窓口販売が始まった当時は30万件で個人年金全体の2・4%を占める程度でしたが、2016年には242万件と約8倍に増え、個人年金保険全体の約12%を占めるまでになっています。

例えば、ゆうちょ銀行ではいま4本の「変額個人年金」を扱っていますが、ホームページでそのメリットを見ると「公的年金の不足を補えます。」「じっくり運用が行えます。」「万一の補償があります。」などと書かれています。

みなさんの中には、「変額個人年金」というものの商品性がいまひとつわからないという人もいることでしょう。そこで、まず、どのようなものか見てみましょう。

「変額個人年金」は、「年金」と「投資信託」の合体商品

「変額個人年金」というと、とても複雑なものだと思い込んでいる人が多いようです。けれど、この商品をひとことで言えば、「年金」と「投資信託」の合体商品だと思えばわかりやすいでしょう。

「年金」として保険料を、毎月または一括で支払って、老後にそれを受け取る。ここまでは「個人年金」と同じですが、支払った保険料を「投資信託」で運用します。ですから、将来は「個人年金」をもらえますが、その受取額は、運用がうまくいけば将来もらえる年金額も増えるし、うまくいかなければ将来もらえる年金額は少ないということになります。

以前、「変額個人年金」を日本で初めて売り出した会社の責任者の方とお会いする機会があり、その方がおっしゃっていたのは、「変額個人年金」は、「個人年金」界のベンツだということ。「年金としての機能で老後資金をがっちりとガードしながら、その老

後資金は投資信託でプロが増やしてくれるので素人でも安心。ですから、老後対策としては、安全性が高いメルセデス・ベンツのような商品です」

でも、本当に「変額個人年金」は、「安全性」と「収益性」を兼ね備えた、鉄壁のメルセデス・ベンツのような金融商品なのでしょうか？

【落とし穴1】手数料が高すぎる

日本の「変額個人年金」の最も大きな欠点は、手数料が高すぎることです。

「変額個人年金」の場合、運用次第では年金が増える可能性もありますが、減る可能性もあります。

では、預けたお金が、運用して増えもしないし減りもしないという状況が続いたらどうなるのでしょうか。

仮に「変額個人年金」に、1000万円預けたとしましょう。みなさんの中には、「運用で増えもせず、減りもしなかったら、1000万円は、1000万円のままだろう」と思う方もいることでしょう。けれど、実際には、この1000万円は25年経つと約500万円になってしまいます。

なぜ、こんなことになってしまうのかといえば、運用では増えもしないし減りもしないのですが、この1000万円は、預けているあいだ、ずっと手数料を引かれ続けるからです。**この手数料が、「変額個人年金」の場合には高いのです。**

まとまったお金を一括で払いこむ「変額個人年金」の場合、加入した時点で契約時費用として3～5%を払います。さらに、加入している間は「年金」の機能に対して保険関係費用という手数料と、「投資信託」の機能に対して運用関係費用という手数料を支払います。これが合わせて年間3%前後になります。

たとえば、以前、ゆうちょ銀行で販売していた「変額個人年金」の場合、加入する時点で契約時費用として4%の手数料を支払い、さらに、加入し続けている間は、積立金に対して保険関係費用年1・4725%、運用関係費用年0・486%、純保険料年1%を引かれていました。つまり、この3つを合計すると、保険運用中には年間約3%が手数料として引かれていくということです。

ですから、まず支払った1000万円から契約時の費用として40万円が引かれ、さらにそこから毎年約3%の手数料が引かれ続けるという状況が25年続くと、預けた100

0万円から25年の間に手数料だけで約500万円支払うことになり、残るのは手数料を引いた後の500万円ということになります。

もし、これだけの手数料を支払っても老後にもらう年金を増やしていくには、コンスタントに5％前後の運用をしていかなくてはなりません。

けれど、低金利が続いている今の日本では、逆立ちしてもこんな運用はできるわけがありません。そうなると、どうしてもリスクの高い運用をしなくてはならなくなりますが、そこで待ち構えているのが、【落とし穴2】です。

【落とし穴2】「募集停止」になると、復活できない

日本の「変額個人年金」は、手数料が高いので、コンスタントに5％前後の運用をしていかないと、預けたお金が老後までに増えていきません。

「日本の」と書いたのは、「変額個人年金」はアメリカでできたものですが、アメリカでは日本ほど手数料が高くなく、運用中の手数料も2％を切るものが多いからです。しかも、アメリカでは30年ものの国債でも3％くらいの利回りがありますから、これをセットすれば安全に3％の利回りを稼げるので、少し冒険的な運用をしても目減りしなくてすむのです。

けれど、日本の「変額個人年金」は手数料が3％前後と高いだけでなく、超低金利なので国内には安定的に3％以上の利回りを稼げる金融商品はありません。株式市場も、2万円前後で頭打ちになっている状況。

だとすれば、リスクは高いけれど、高利回りが期待できる海外の投資商品を運用に組み込んでいかざるをえません。そのため、運用自体がリスキーになりがちなのです。

ただ、年金である以上、老後までにあまりに大幅に運用損がでてしまうと、老後の資金計画が狂ってしまう。

そこで、ある程度まで損をしたら、そこで運用を停止してしまう「売り止め」（募集停止）や「休止」という状況が起きます。

2009年、日本の「変額個人年金」の元祖であるハートフォード生命保険が、新規販売の停止をしました。保有件数約56万件、総資産3兆円を超える業界のリーディングカンパニーが、新規販売を停止しただけでなく規模を大幅に縮小して、既存契約の維持管理会社になりました。この時期、リーマンショックで、ハートフォード生命保険だけでなく、アリアンツ生命、三井住友海上メットライフ生命、三井生命、クレディ・アグリコル生命、アイエヌジー生命、住友生命の一部の商品が売り止めや休止に追い込まれています。

ハートフォード生命では、あらかじめ「年金のために運用されている金融商品が値下がりして当初の80％以下になると、特別勘定による運用は終了して一般勘定に自動移行することにより、年金支払総額で一時払い保険料相当額を保証する」と決められていて、その80％以下になってしまったので運用が続けられなくなりました。

では、運用中止になったらどうなるのか。

10年間で満了となるものの場合、仮に1000万円預けたとすると、運用損で800万円を切ってしまって販売停止になると、その時点で引き出したら800万円しか戻りません。ただ、その時点で引き出さずに、15年間、年金としてもらい続けると、累計で1000万円もらえます。ただ、15年間預けてもトータルで支払った1000万円しか戻ってこないのですから、何の旨みもないどころか実質的には大切な虎の子が目減りしていることになりました。

【落とし穴３】運用悪化で、保険会社の経営も心配

日本で最初に「変額個人年金」を売り出したのはハートフォード生命ですが、この会社が「売り止め」「休止」に追い込まれたのは、直接的には世界を震撼させたリーマンショックのせいでした。

日本のハートフォード生命の親会社は、当時はアメリカのハートフォード生命で、この会社は、１９９０年代のアメリカの好調な株式相場に支えられ、多額の「変額個人年金」を売りまくっていました。リーマンショック前の２００８年のアメリカの個人年金市場の約６割が「変額個人年金」でした。それほど人気のある商品だったのですが、リーマンショックの波をモロに被り、多くの保険会社が経営危機に追い込まれました。

アメリカのハートフォードもその１つで、「変額個人年金」の運用悪化で身動きが取れなくなり、米国財務省から約３０００億円の資本注入を受けています。

日本のハートフォードは、日本法人の別会社ですが、同様にリーマンショックの影響で運用が立ち行かなくなり、日本政府の公的資金を注入されるという状況にこそ至りませんでしたが、２００９年６月に新規募集を停止しました。多くの人が加入したこの巨

額な年金は、この時点で、「将来、運用で大きく増える」という夢を断たれ、加入者は、目減りした年金をその時点で受け取るか、将来まで持ち越して実質目減りする年金を受け取るかという選択を迫られたのです。

その後、日本のハートフォード生命保険は、2014年7月に全株式をオリックス生命に売り渡し、翌年、オリックス生命保険に吸収合併されました。

年金というのは、みなさんの老後を支えるためにあるはずのものです。けれど、老後を支えてもらう前に、加入している保険会社の方が先に消滅してしまうことがあるということは、肝に銘じておいたほうがいいでしょう。

特に、海外の為替や株価などの運用比率が多くなりがちな「変額個人年金」は、経済変動の波を受けやすい商品です。

ただ、「うちは、そんな海外から来た生命保険会社などとはおつきあいせず、郵便局専門だから大丈夫」という方も地方には多いことでしょう。

けれど、郵便局が売っていた「変額個人年金」でも、現在、6つの商品が募集停止になっています。住友生命の「たのしみYOU」、エヌエヌ生命保険の「すりーすてっぷ年金」、第一フロンティア生命保険の「わくわくポケット」と「ときめきポケット」などです。

日本ではまだ、「郵便局なら大丈夫」という郵便局神話が多く残っていますが、郵便局から申し込んで加入した年金だから大丈夫などということはないのだということは、しっかり覚えておいたほうがいいでしょう。

パンフレットの言葉の裏を読むくらいの心構えで

「変額個人年金」は、加入後の手数料が高いのでなかなか増えないだけでなく、株価の下落や為替の変動などの経済変化をモロに受け、状況次第では会社が消滅する危険もあります。

その場合のツケは、加入者が支払うことになります。

高い手数料を払って金融機関を儲けさせ、その挙句に年金目減りという損だけを負うことになってしまったら、豊かな老後などとても望めません。もし、安心できる楽しい老後を迎えたいと思ったら、「変額個人年金」になど近づかないことです。

それでも「老後までになんとか手持ちのお金を準備しておかなくては」というなら、

状況次第ですぐに引き出せる預貯金や、自分で投資方針が決められる株式投資などを選ぶべきでしょう。

「途中で死んだ時の保障もある」「運用次第でもらえる年金が増える」というのは、裏を返せば「死んだ時の保障は中途半端」「運用次第でもらえる年金が減る」ということなのです。

投資商品を買うなら、パンフレットに書いてある言葉の裏を読んで、そのリスクに自分が耐えられるのかを考えておくべきでしょう。

企業と政府と金融機関の思惑で始まった「確定拠出年金」

個人年金なのに、会社に言われたら加入しなくてはならないものもあります。

２００１年10月にスタートした「確定拠出年金」で、俗に言う日本版４０１Ｋです。

個人年金でありながら、政府や会社が深く関与していて、税額控除など公的側面を持っているという点では、見落とせないものです。

この年金には、メリット、デメリットともにいろいろとありますが、会社が「確定拠出年金」を導入している（全員参加が義務付けられている）企業では、社員は、否応なくこれで老後資金を積み立てなくてはなりません。

なぜ、この年金が日本に登場したかといえば、会社勤めの方が要望したわけではなく、企業と政府と金融機関の思惑が合致したためでした。

小泉内閣時代、バブルのツケを負っていた企業は、不良債権処理に追われていました。そんな中、新たな不良債権として浮上してきたのが、社員の退職金でした。特に、団塊の世代の退職を目前にして、大きな企業ではひとり数千万円規模の退職金を用意しなくてはならないという現実に直面しました。

しかも、金利が低下している中では、運用もままならない。うまく運用できなければ多額の借金をしなくてはならなくなり、企業にとって退職金の負担は、不良債権同様の重みになっていました。

そこで、企業の退職金運用の負担を軽減するために、企業が退職金を運用して社員に渡すのではなく、最初から社員にお金を渡して、自分で自分の退職金を運用させる確定拠出年金が導入されました。すでにアメリカでは導入されていた401Kに似た仕組みなので、日本版401Kと呼ばれました。

政府にとっても、社員が株や債券を買うようになれば、貯蓄から投資への流れは加速します。しかも、株や債券に社員の退職金が流れ込めば、株価は上がり債券価格は安定し、景気の回復も望めます。

金融機関にとっては、今まで貯金しかしてこなかった社員が、年金を運用するために莫大なお金を投資信託などに流してくれるので、手数料が稼げます。さらに、こうした社員とつながりを持っておけば、退職した時の退職金の運用も任せてもらえるかもしれず、手数料を稼げるチャンスが増えます。

「確定拠出年金」は、会社に勤めている人が望んだ個人年金ではなく、企業と政府、金融機関の三者の利害が一致してスタートした年金。企業がお金を出し、これを従業員が運用していきます。

これに対してアメリカの401Kは、従業員が自分のお金を出して運用するのを、企業と政府が援助するという制度。

つまり、日本の制度は、お上から降りてきたものなので、様々な制約があり、不自由な面の目立つ制度になっています。

その1つが、自分が預けたお金なのに、60歳まで引き出せないということです。

【落とし穴1】自分のお金なのに、60歳まで引き出せない!?

「確定拠出年金」は加入したら、原則として60歳まで引き出すことができません。しかも、これを導入している会社の社員になったら強制加入というところが多いのです。

まれに、会社がお金をだして、それを自分で運用していくのか、「確定拠出年金」で運用していくのかを選べる企業もあります。けれど、現金でもらうと、そこから所得税、住民税、健康保険料などが差し引かれるので、「確定拠出年金」で5万円支給してくれる会社なら、給料上乗せ分は4万円を切ってしまいます。ですから、ほとんどが「確定拠出年金」に加入します。

ただ、仕事が忙しくて運用にはあまり興味がないという人も多く、会社で「確定拠出年金」に加入している人の6割は、投資などせずに定期預金などの元本が保証されるものに加入しているようです（企業年金連合会「2014年度決算　確定拠出年金実態調査結果」）。日本では、「確定拠出年金」を導入するにあたって社員に投資教育を義務付けましたが、働き盛りだと仕事が忙しいせいか、預貯金に入れっぱなしになっているのでしょう。

銀行に貯金を入れておくならいくばくかの利息がつきますが、「確定拠出年金」の場合、会社の規約にもよりますが、運用にかかる費用を個人が負担するケースもあります。そうなると、預金では年間で数円の利息しかつかないものに、高い手数料を払うことになります。

会社員だと、会社の規約に従わなくてはいけないので、「確定拠出年金」に加入すると60歳まで引き出せません。仮に、リストラされて会社を辞めてフリーになったとしても、そこでお金を引き出すということはできず、個人型の「確定拠出年金」に入って60歳まで待つということになります。掛け金の支払いを止めることはできますが、止めている間も手数料は発生します。

２０１６年までは、一定条件を満たせば個人型に移ってから2年たつと辞めることも可能でしたが、17年からは、それもできなくなっています。

これは会社員だけではなく、自営業者やパートの人が入る個人型の「確定拠出年金」も同じです。いったん入ると、60歳までは辞められないのです。

だとしたら、会社で「確定拠出年金」に入らなければならない会社員は別として、自営業者やパートなどの場合には、加入は慎重に考えたほうがいいでしょう。

自営業者で、儲かりすぎて節税しなくてはならないという人なら国民年金基金などと合わせて6万8000円まで預けても節税メリットはあるかもしれません。ただ、節税目的で加入するのなら、投資が好きな方でない限り、小規模企業共済のように運用利回りが決まっていて、仕事をやめたとき（廃業時）には掛け金が増えて退職金代わりになるものもあります。また自営業だと、今は儲かっていても、仕事を続けているあいだに資金繰りに困ることが出てくるかもしれません。そんな時のためには、「確定拠出年金」よりも、目減りの可能性はありますが解約できたり、解約しなくても契約者貸付という制度でお金が引き出せる小規模企業共済のほうが便利かもしれません。

【落とし穴2】専業主婦には、ほとんどメリットがない！

「確定拠出年金」は、2017年1月には、「専業主婦など」も加入できるようになり、現役世代すべてが加入できる「個人型確定拠出年金」が始まりました。

これまで、サラリーマンや自営業者が入れるものはありましたが、専業主婦などが入れるものはありませんでした。そこで金融機関は、「専業主婦も確定拠出年金が使えるようになりました！」とばかりに、専業主婦が「確定拠出年金」に加入するメリットを次のように紹介しています。

（1）専業主婦がもらえる公的年金は少ないので、これを補完できる。
（2）税制上のメリットが大きい。
（3）資産形成についての知識が深まる。

まず、（1）の「**専業主婦がもらえる公的年金は少ないので、これを補完できる**」については、別に「確定拠出年金」でなくても、普通に銀行で積み立てをすればいいだけのこと。「確定拠出年金」の場合、「預貯金」から「投資信託」「保険」まで、さまざまな商品がありますが、ここではわかりやすいように、「預金」を銀行でした場合と「確定拠出年金」に預けた場合で見てみましょう。

主婦が掛けられる金額の上限は、年間27万6０００円（月2万3０００円）まで。預金だと金利は０・００１％ほど。目一杯預けても年2円の利息にしかなりません。ところが、「確定拠出年金」には口座管理手数料がかかり、金融機関にもよりますが、この額が通常は年間２０００〜５０００円。これを払って預金したら、実質的にはマイナスになります。投資信託の場合には、ここからさらに信託報酬が引かれます。

だとすれば、わざわざ「確定拠出年金」に加入してお金を支払う必要はないでしょう。

（２）の「**税制上のメリットが大きい**」には、大きく２つのメリットがあります。１つは、積み立てたお金が税額控除になり、所得税、住民税が安くなるメリット。けれど、専業主婦で所得税、住民税を払っている人はほとんどいませんから関係ありません。

もう1つは、積み立てた商品が値上がりしたときに、そこから引かれるはずの税金が非課税になるメリット。ただ、年間に最高で27万６０００円しか預けられないのですから、高い口座管理料を引かれることを考えたら節税効果がどれほどあるのかは疑問です。つまり、専業主婦だと、２つの節税メリットの恩恵はほとんど享受できないということ。

（３）の「**資産形成についての知識が深まる**」ですが、そもそも「資産形成」するほどのお金を持っている「専業主婦」は少ないでしょう。小銭はへそくりしているかもしれないけれど、投資するほどのお金はないという人が多い。投資は、少額では儲かりませんから、資産形成についての知識が深まれば深まるほど、皮肉なことにやらないほうがよかったということになるのではないでしょうか。

入ってもデメリットしかない「専業主婦」にまで、なぜ個人型の「確定拠出年金」の枠を広げるのか。

実は、2017年1月から個人型の「確定拠出年金」に入れるようになったのは、「専業主婦」だけではありません。「公務員」も加入できるようになりました。「公務員」の加入については、「税金から給料をもらう公務員が、節税商品を使うのはいかがなものか」という議論がありました。そこで「専業主婦」を前面に立てて、「私たちもついでに……」というスタンスを取ったのでしょう。

公務員の年金は、「確定拠出年金」に入れるようになったので、なんと4階建てにすることができるようになりました。

こう書くと、「えっ、2015年に厚生年金と一元化されて2階建てになったんじゃないの」と思う人もおられるでしょう。確かに、公務員が加入する共済年金は、会社員が加入する厚生年金と統合され、それまで公務員だけについていた「職域加算部分」という３階部分が無くなりました。けれど、「職域加算部分」に代わって新しく「年金払い退職給付」がつくられ、一元化したと言っても実は公務員だけはしっかり３階建てのままです。

そもそも、「公務員と会社員の年金の一元化」は、１９８４年の中曾根内閣で閣議決定されています。ところが、なぜ30年以上も実現しなかったかといえば、厚生年金よりも有利な３階建ての共済年金を手放すことに官僚が抵抗し続けたから。では、なぜここにきて、一元化の話が急にスムーズに進んだのかといえば、「公務員」が加入していた「共済年金」が破綻しそうな状況になってきたからです。

次ページの図で見ると一目瞭然ですが、「公務員」の年金は、支える人が減る一方で年金をもらう人は急激に増えています。国家公務員共済の場合、１９８０年度には組合員数１１２万人に対して年金受給者は66万人でしたが、１９８１年度の１１８万人をピークに組合員が減少し続け、２０１２年度には組合員が１０６万人に対し年金受給権者は１２４万人になりました。つまり、１０６万人で１２４万人を支える、つまり１人で１・２人の受給権者を支えるしかなくなったのです。

しかも、この先も「公務員」の数は減るのに退職した公務員の数は増えていくのです

図８　国家公務員共済の組合員数と受給権者数（単位：万人）

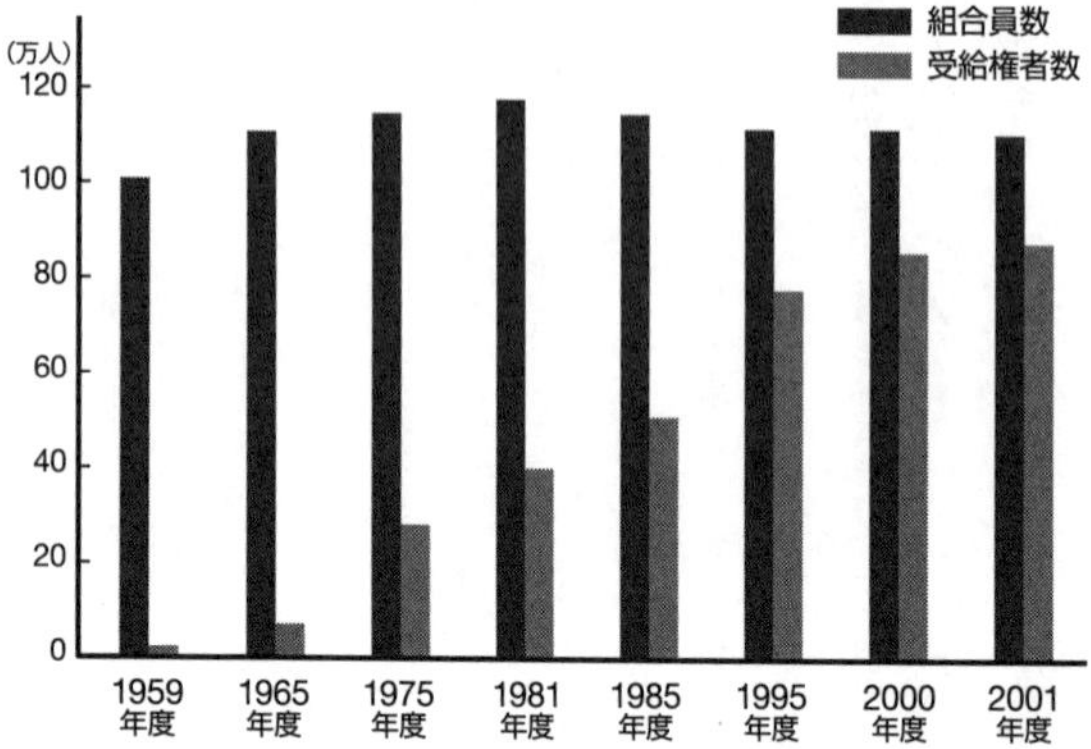

出典：国家公務員共済組合連合会

から、その先に待ち受けているのは共済年金破綻のシナリオ。

だとすれば、今のうちに共済より加入者が多いぶん健全な厚生年金と一緒になってしまおうということ。もちろん、公務員にも生活がありますから、私は、厚生年金が共済年金を救済することを批判はしません。ただ、サラリーマンと一緒の年金になった途端に、自分たちだけは専用の年金をつくって上乗せするというのはどうなのでしょうか。

その言い訳として、以前は「サラリーマン」には企業年金があるから（ない企業もたくさんあります）と言っていましたが、企業年金代わりに「年金払い退職給付」をつけて、さらに「確定拠出年金」をつけると４階建て。なんだか、変な話です。官民格差は、ますます広がりそうです。

【落とし穴３】税金が上がるかもしれない

実は、「確定拠出年金」や「確定給付年金」、「厚生年金基金」などの企業年金は、資産残高に対して１・１７３％の特別法人税がかかることになっています。

けれど、今のような運用利回りが低い時に、税金分の年率１・１７３％で運用しないとプラスにならないというのでは、多くの人が税金のためにマイナス運用になってしまうということで、１９９９年から凍結されています。そして、２０１７年３月末には解除されるはずでしたが、日銀がマイナス金利を導入した影響で運用環境が悪化したので、凍結は３年間延長されました。

この税金は、運用がプラスであってもマイナスであっても確実に適用されていくので、そのぶん利回りが下がるということで、金融業界はこぞってこの法律の廃止を訴えています。ただ、政府にとっては税源の１つでもあるので、もしかしたら、いずれこの課税は復活する可能性もあります。

そうなると、将来もらえる年金はかなり減る可能性があります。

生命保険協会の試算によると、例えば月1万円ずつ25年間「確定拠出年金」を積み立ててこれを10年で年金としてもらう場合、課税がなければ月3万9０００円もらえますが、積立金に対して課税されると、年金額は月額3万1３００円と20％も減ってしまうようです。

ちなみに、この税金が適用されることになると、企業型の「確定拠出年金」だけでなく個人型の「確定拠出年金」も、同様に課税される可能性があります。

確定拠出年金に入らなくて済むなら入らなくて良い

先に説明しましたが、アメリカの４０１Ｋは、従業員が自分でお金を出して資産運用するのを、政府や企業が応援するというスタイルのものです。

ところが、これが日本版４０１Ｋと言われる「確定拠出年金」になったとたんに、企業と政府と金融機関の利益が優先され、6割の社員は「運用しろ」と会社からお金を渡されてもどうしていいかわからず、ただただ預金にお金を入れておくだけという状況です。会社によっては、預金する口座の手数料まで、社員負担になるところもあるそうです。

しかも、加入してもほとんどメリットがない「専業主婦」まで加入できるようにして、制度をどんどん拡大しています。

これは、一体誰のための制度なのでしょうか。

会社に制度がある人は仕方ないけれど、個人の場合は、儲かって税金が大変だという人以外は、60歳まで引き出せないお金をわざわざ預ける必要はないでしょう。引き出せないうちに物価が上昇してしまったら、貨幣価値は目減りしてしまうかもしれないのですから。

第5章　投資の「常識」を疑おう

投資と「老後の安心」を結び付ける必要はない

「投資をしなくては、安心できる豊かな老後は迎えられない」、そう思い込み、焦りを感じている人は多いようです。それに拍車をかけているのが、いまだかつてない超低金利。運用もせずに銀行にそのままお金を預けておいても仕方ないのではないか、と思っている人も多いようです。

いっぽう、金融機関も、日銀のマイナス金利のせいで収益が悪化し、自分たちの生き残りをかけて投資商品を売り、少しでも手数料を稼ごうとしています。

そのため、あの手この手の口説き文句で、みなさんを投資の世界に誘ってきます。

もちろん、投資が好きで、投資歴もあり、自分なりの投資哲学を持っていて、研究熱心で情報網も投資資金も充分にあるという人は、金融機関と対等な勝負ができると思うので、負けないように投資すれば良いでしょう。

けれど、多くの方は、今まで「投資」のことなど考えずに、朝から晩まで働き続けてきたのではないでしょうか。商店や中小企業の経営者などは、お金のことで頭を悩ませながら切った張ったの商売をしてきた方が多いので、リスクに敏感で「投資」には向いているかもしれません。けれどサラリーマンだと、仕事ではいろいろなリスクがあったかもしれませんが、経済的な面では毎月一定額の給料を振り込まれるのでより多くお金を稼ぐということをあまり考えない生活をずっと続けてきたという人も多いでしょう。

こうした、**金銭的には守られた生活を40年近くしてきた人が、いきなり「投資」をしようと思うと、よくわからないので専門家に聞こうとします。中には、退職金を手に銀行に行って、「投資には、どれが良いの?」と金融商品についてたずねる人もいます。**

ただ、これは、カモがネギを背負って鍋に飛び込むようなもの。銀行の窓口の人の肩書きは「ファイナンシャルプランナー」かもしれませんが、実は相手はセールスマン。友達や、親子、親戚なら別かもしれませんが、あなたのことをよく知らない相手に、大

切な財産を託すなどというのは愚の骨頂です。

こう書くと、「でも、預金しても、スズメの涙以下の金利なのでバカバカしいと、どうしても思えてしまいます」と言う方がいます。

そういう方は、ちょっと発想を変えてみましょう。

実は倍増している、デフレの中での預金効果

私がずっと「キャッシュ（現金）が大切」と言い続けてきたのは、デフレという状況が続いているからです。

デフレの中では、モノの価値は下がり、相対的に現金の価値は上がります。相対的にというのは、目に見える金利は上がっていなくても、実質的な金利が上がっているということです。

デフレというのは、去年1万円だったものが、今年は9500円で売っているという状況。もし、去年1万円出して買ったら、手持ちの1万円札は相手に支払って終わります。けれど、1年の間に、1万円のものが9500円に下がったとしたら、同じものを

今年買えば、1万円払っても500円のお釣りがくる。つまり、1年間で1万円に対して5%の金利がついたようなものです。確かに1万円を銀行に預けてもスズメの涙以下の金利しかつきませんが、実質的な現金の価値は上がっているのがデフレです。

では、デフレの中の借金はどうでしょうか。例えば、5000万円の家を全額住宅ローンで買ったとします。ところが、この家と同じ家が、1年たったら4500万円で売られていたとします。住宅ローンは、1年くらい返してもほとんど元本は減りませんから、ほぼ5000万円のまま残っているはずです。家は4500万円なのに、住宅ローンがほぼ5000万円ということは、相対的に見ると、借金が増えているということです。

デフレという状況の中では、現金の価値は相対的に上がる傾向があり、借金は相対的に膨らむ傾向があります。

だとすれば、デフレの中でしなくてはならないことは、「借金減らして、現金増やせ！」。これは、私がデフレに突入して以来、一貫して言い続けていることです。

実は、この方法をずっと実践してきたのが日本の企業です。バブル崩壊以来、企業は一貫して借金である不良債権を処理して無くす努力をし、貯金に当たる内部留保を貯め続けてきました。そのために、今や日本の企業の財務内容は改善されてピカピカです。

ところが家計は、バブル崩壊以降に国の「住宅ローン控除を大きくするので借金して家を買いなさい」という政策に乗せられて借金を増やし、「貯蓄から投資へ」などと囁く政府の言葉に乗せられて、投資を増やして大損してきました。その結果、家計がボロボロになってしまった方も少なくありません。

今、デフレの中で家計がしなくてはいけないのは、企業と同じ「借金減らして、現金増やせ！」です。

「インフレになったら貨幣価値が下がるので、今のうちに借金してでも株などの投資商品を買っておいたほうがいい」と言う専門家の方もいます。けれど、日銀が「デフレ脱却宣言」もしないのに、インフレ対策で株を買うなどというのはナンセンスです。

インフレについては、拙著『10年後破綻する人、幸福な人』（新潮新書）で、経済破綻した韓国の例などを取り上げ、借金してまで投資するのはインフレ対策にはならないということを詳しく書いているので、そちらをお読み頂ければと思います。

デフレの中の預金には、デメリットもリスクもない

実は、「投資」をしないことが不安だと言う人もいて、こんな質問が来ました。
「先生の言う通りにしていたら投資をしなくて良いことになるのですが、低金利の預金もしくはタンス預金にしていることのデメリットやリスクもあるのではないでしょうか？　それらについても率直に教えていただきたいのですが」

確かに、家にお金をたくさん置く「タンス預金」は危ないので、やめたほうがいい。お金は、銀行に預けましょう。なぜなら、預金は低金利ではありますが、インフレにならない限り目減りすることはないからです。利息はほとんどつきませんが、タダの金庫だと思って、大切に保管しておきましょう。確かに、預金には「増えないリスク」はあるかもしれません。けれど、「増えないリスク」と「目減りしないメリット」を天秤に**かけると、デフレの中では「目減りしないメリット」のほうが大きい。目減りさえさせなければ、貨幣の実質的な価値は上がっているからです。**また、前述したようにお金を預かってリスクを負うのは、運用が困難な銀行。皆さんは、ノーリスクです。

専門家の中には、「投資をしないということは、お金を増やすチャンスを放棄するこ

とだから大きなデメリットだ」とおっしゃる方もいます。けれど、デフレの中でのこの見方は、専門家としては一方的すぎるのではないでしょうか。

なぜなら、**「投資」では、お金が増えることもありますが、目減りすることもあるのです。しかも、増える確率と目減りする確率を比べると、経済環境を度外視すれば、「投資」で手数料を取られるぶんだけ目減りする確率のほうが高くなります。**しかも、その手数料を取り戻せるくらい投資商品が値上がりするのかといえば、株価などは公的資金が買い支えても2万円前後をうろうろしている状態です。

繰り返しになりますが、日銀が「デフレ脱却宣言」をするまでは、デフレは続いているのです。ただ、預金をたくさん持っていたほうがいいと言っても、借金しながら預金するのはナンセンス。借金の金利と預金の金利では、借金の金利のほうが圧倒的に高いからです。例えば、キャッシングでは、金利14%は珍しくない。0・001%の預金をしながら、14%のキャッシングをすると、借金の金利は預金の1万4000倍ということになります。それは、誰が考えても損でしょう。

デフレの今は、低金利でもお金の価値自体が上がっているのですから、預金にはデメリットもリスクもないと思ったほうがいいでしょう。

「投資」に向かない人、10のタイプ

本書では、金融商品のカラクリについていろいろと述べてきましたが、実は、性格によっても、「投資」に向かない人はいます。次ページの10項目の中で半分以上あてはまるという人は、「投資」には向かない人ですから手を出さないほうがいいでしょう。

なぜ、次のような人は、投資に向いていないのか。

①よくわからないので、みんなが「投資」しているものに「投資」する。

株や投資信託などは、経済状況に大きく左右されます。バブルの時のように「投資」向きの環境であれば多くの人が儲けられます。こうした時には、実力がなくても人の尻馬に乗って「投資」すれば勝てるのですが、いっぽう、いったん潮目が変わると、惨憺たる状況になります。しかも、「みんなが投資しているから」という他力本願の人は、潮目が変わったことがわからずに、気がついたら最後にババをつかまされていたということになりかねません。

「投資に向かない人」チェックリスト

①よくわからないので、みんなが「投資」しているものに「投資」する。 □

②細かい文字は苦手なので、専門家に商品説明してもらいたい。 □

③インターネットは苦手。電話で頼めるものがいい。 □

④損得を、電卓で計算するのは苦手。 □

⑤恋愛でズルズル引きずるタイプ。割り切りが悪いほう。 □

⑥絶対に損したくない。自分が損をするとは思えない。 □

⑦これから子供に教育費がかかるので、お金を増やしておきたい。 □

⑧とにかく毎日忙しいので、手間のかからない「投資」をしたい。 □

⑨他人からも素直な性格と言われ、世の中を斜めに見るのは苦手。 □

⑩勝負事に熱くなりやすい。宝くじを買うくらいなら競馬をする。 □

②細かい文字は苦手なので、専門家に商品説明してもらいたい。

投資で勝つには、地道な勉強が必要。濡れ手に粟は、なかなかない。最低限、投資する金融商品がどういうものかくらいは、自分で分析することが必要。他人に説明してもらうと、その人のバイアスがかかるため、相手が金融商品を売る側なら、自分が売りたい商品に誘導されてしまう可能性もあります。

③インターネットは苦手。電話で頼めるものがいい。

戦う時に武器が必要なように、「投資」の世界では素早い情報が必要。また、売り買いも、タイミングを逃すと負ける確率は高まります。さらに、ネットでの「投資」は株でも外貨預金でも手数料が安いために、そのぶん勝つ確率は高くなります。ネットを駆使して勝負する人を相手にして、ネットを使えない人が勝とうと思ったら大変なこと。最低限、ネットを使いこなすスキルが必要でしょう。

④損得を、電卓で計算するのは苦手。

計算は、「投資」の基本。どれくらいの手数料を引かれるとどれくらい稼がなくてはペイできないかというような計算ができないと、本当の意味での損得は把握できません。自分で電卓を叩いてはじき出したシビアな数字は、その「投資」のまたとない判断材料にもなります。最低限の計算さえ電卓でできないという人は、「投資」などしないほうが安全でしょう。

⑤恋愛でズルズル引きずるタイプ。割り切りが悪いほう。
物事を割り切ることが下手な人は、「投資」向きではありません。「投資」で明らかに負けているのに、なんとかなるかもしれないとズルズルと負けを引きずってしまう可能性があるからです。客観的に見ればどうにもならない状況なのに、なんとか挽回しようと頑張って、傷をさらに深くしてしまう。ダメなものはダメなのだという判断が早い時点でできないと、「投資」ではやめ時を失うことになってしまいます。

⑥絶対に損したくない。自分が損をするとは思えない。
自信過剰も、「投資」には禁物。気が弱い人は、物事の見方がネガティブになりがち

なので「投資」向きではありませんが、実は、気が強すぎて自信家の人も、「投資」向きとは言えません。特に、プライドが高くて絶対に損をしたくないタイプの人は、少し損をするとなんとかそれを取り戻そうと、「投資」にのめり込んでしまう傾向がります。そのため、やめるにやめられなくなる可能性もあるのです。

⑦これから子供に教育費がかかるので、お金を増やしておきたい。

先々、必要となってくるお金を「投資」に回すなどということは、もってのほかです。特に教育資金のように計画的に考えておかなくてはいけないお金については、「投資」して儲かればいいですが、損してしまったら、子供が学校に行けなくなってしまうかもしれません。そんな大切なお金を「投資」に回すような人は、家庭人として疑問です。

⑧とにかく毎日忙しいので、手間のかからない「投資」をしたい。

「投資」は、タイミング。情報を集めたり分析することもできないほど忙しい人には、向いていません。手間をかけない「投資」というのは、結局は他人任せになってしまいがち。しかもチェックが甘くなりがちで、気がついたらとんでもないことになっていたということになりかねません。そうなると、成果もそれほど期待できません。

⑨他人からも素直な性格と言われ、世の中を斜めに見るのは苦手。

素直な性格で、あまりひねくれたものの見方をしないという人は、通常の生活では人にも好かれて幸せに暮らせる人かもしれません。反面、人の言葉に疑いを持たないというのは、「投資」には向いていません。株では、「人の行く、裏に道あり花の山」という言葉がありますが、「投資」をするなら、人が目をつけないところに先回りして行くくらいのすばしこさ、ずる賢さも必要でしょう。

⑩勝負事に熱くなりやすい。宝くじを買うくらいなら競馬をする。

「投資」の世界は、勝負の世界でもあります。冷静に分析して、将来に懸けていく。難しそうなら、傷が浅いうちに手仕舞いする。そんな状況判断が求められます。刺激を求めてしまうと、冷静な状況判断ができなくなり、次こそは挽回できるだろうとどんどん資金をつぎ込んで、回収できない状況に陥ってしまう危険性があります。勝っても負けても、適度なところで切り上げる冷静さが必要です。

「何に投資すればいいですか？」は、ダメ！

「投資」をするなら、自分の判断でしなくてはいけません。

投資をすると決めた時、銀行に行って、「退職金が〇〇万円あるんで、運用で増やしたいのだけれど、どれに投資したらいいの」などと、相談する人がいます。また、「投資の勉強をしなければいけない」などと思い立って、証券会社や不動産会社のセミナーに出かけて行き、お勧め商品に「投資」する人がいます。また、保険の外務員に「保険と投資の２つの効果が得られます」と説明され、よくわからないけれど信頼できそうな人だからとハンコを押してしまう人がいます。

こうした人は、「投資」向きではありません。なぜなら、相手はすべてセールスマンです。全部が全部そうだとは言いませんが、**セールスマンが売る商品は、たいていは自分が受け取るマージンを優先しています。そして、セールスマンが儲かる商品は、その儲けで、あなたが損をする商品なのです。**

こんな金融商品・勧誘には要注意、7つのポイント

本書を読み進んできた皆さんは、自分の「投資」への考え方が、少し変わったのではないでしょうか。「投資」というのは、どうしてもしなくてはいけないものではありません。また、しないと豊かな老後を送れないわけでもありません。

生活に差し障りがない余裕のお金でやるぶんには、人によっては楽しいでしょう。少なくとも、宝くじよりはゲーム性があるので楽しいはずですし、情報を収集したり分析したりしなくてはならないので頭の体操にもなります。

ただ、同じ投資をするにも、避けたほうが良いこと、注意したほうが良いことがあります。ここでは、こうしたことを7つのポイントにまとめました。

【ポイント①】「利率1%以上」には、カラクリがある

ここまで読んできた皆さんは、すでに「高金利には騙されないぞ」という気持ちになっているこでしょう。

高金利とはどれくらいなのかといえば、低金利の今だと１％以上。金融機関でも、１％の金利を稼ぐのに四苦八苦している時代です。かつて０・１％の金利だった日銀の当座預金口座に３００兆円近いお金を金融機関が預けたのも、１％どころか０・１％の金利を稼ぎたかったからです。

そんな中、皆さんに１％以上の金利を支払うというのは、裏にそれ以上儲かる目算があるからです。特に預金というのは、皆さんにとっては安全資産でも、銀行にとっては負債です。その負債を、高い利息をつけて引き取るからには、それ以上の旨みがなくては引き取るはずがありません。

そのカラクリを見抜いた上で金融機関と付き合うぶんにはいいですが、もしそのカラクリがわからなかったら、大切なお金は預けないと決めたほうがいいでしょう。

【ポイント②】複雑な金融商品ほど、高額な手数料を取られる

様々な金融商品が、日々、開発されています。証券化やデリバティブなど複雑な手法を使った金融商品も数多く出てきています。ただ、金融商品は、複雑になればなるほど手数料が高くなる傾向があることを覚えておきましょう。

第1章で扱った「外貨建て生命保険」なども、為替商品と保険商品という2つの側面を持っているだけに商品が複雑で、そのぶん手数料も高くなっています。

もちろん、手数料が高いぶんだけ儲かるというならいいですが、実は、そうはなっていないというのが現状です。

例えば、投資信託で見てみましょう。投資信託でも、単純に日経平均に連動していく国内ETFだと、運用中に引かれる信託報酬が0・5%前後です。けれど、ファンドマネージャーがさまざまな金融商品を駆使して運用するアクティブ投信だと、3%近い信託報酬を取られるものもあります。だからといってすごい成績を上げているかといえば、そうでもない。

実は、かの有名な投資の神様ウォーレン・バフェットも、「非常に低コストのS&P500インデックスファンドに投資したら、同時期に投資を始める人の90%よりもうまくやれます」と、バークシャー・ハサウェイ（世界最大の持ち株会社）の2004年の年次総会で言っています。この場合の買い方は、10年以上にわたって下がったら買う、また下がったら買うというナンピン買いを続けていくことによって金融商品のコストを下げるという方法です。間違っても、第3章で紹介した「ドル・コスト平均法」などという、高くても買ってしまう方法ではありません。

特に、「投資」の初心者は、ただでさえリスクが把握しにくい。だとしたら、はなから複雑な金融商品を避けるということにしてもいいでしょう。

【ポイント③】不都合なことは、小さめの文字で書かれている

広告や商品説明などでは、金融商品について不都合なことは、比較的小さな文字で書かれているケースが多いです。実は、一昔前までは不都合なことは米粒くらいの文字で言い訳程度に書かれていることが多かったのです。けれど、金融商品取引法が改正されて、あまり小さな文字にすると取り締まりの対象となるようになりました。ですから、以前ほど小さくはありませんが、それでも金融機関によっては、かなり不都合なことには気づかせない努力をしている跡が見受けられます。

ドブに捨ててもいいお金で投資をするなら別ですが、そうでないなら、小さな文字には特に目を光らせましょう。

【ポイント④】高額プレゼントは、どこかで元を取られる

金融機関のプレゼントを見れば、収益をあげられる商品かあげられない商品かがわかります。昔は、預金集めが銀行の収益の原動力になっていました。ですから、預金してくれる人には様々なプレゼントを用意しました。けれど、今や預金など必要ない。むしろ、持ってきてほしくないというのが銀行のスタンス。投資商品や保険商品など手数料が稼げるものには銀行の収益に貢献するのでプレゼントをつけますが、預金にはプレゼントはつけません。

これは、保険でも同じ。保険のおばさんが、お菓子を持ってやってくるのは、単なるサービスではありません。それで契約を取って儲けるための、海老で鯛を釣る撒き餌なのです。そう思えば、「親切にしてくれるから」とか「いろいろと、もらっているから」と、悪く思う必要はないのです。

プレゼントがセットの時には、そのプレゼントをしても充分に得られる見返りを金融機関がどこで得ているのかを見る必要があるでしょう。

【ポイント⑤】銀行、郵便局を過信するな

「証券会社で投資」というと、普通の人にはまだ抵抗があるかもしれません。けれど、銀行や郵便局なら、なんとなく安全に気軽に投資できそうな気がするという人は多いことでしょう。それでも、銀行は破綻の恐れがあるということで敬遠する向きもありますが、郵便局にはまだ絶対的な信頼を置いているという人も多いことでしょう。

ただ、郵便局といえども、投資商品にはリスクがあります。現在、郵便局の窓口で取り扱っている投資信託は58本ですが、そのうちの約３割は、１万円の基準価額以下になっています。さらに約３割が基準価額に毛の生えた程度の１万円台（２０１７年６月15日現在）。アベノミクス景気が54ヶ月続いていると言いますが、ゆうちょ銀行で投資信託を買っている人の半分以上は、アベノミクスだ、景気回復だと騒がれているほどには儲かっていないようです。

証券会社とちがって、郵便局や銀行は、あなたの給与振込口座や預金口座を把握しています。どれくらいの収入があり、どれくらい預金があるかがわかっているので、高額

預金者にはバンバン電話して、「低金利で預金しておくよりは、投資の方がいいですよ」とあの手この手の誘いをかけてきます。それだけに、注意が必要です。

【ポイント⑥】「あなただけに」は、ありえない

「この情報は、あなただけにお教えするのですが」というような勧誘文句があったら、これは詐欺ではないかと疑いましょう。

親兄弟や親友なら別ですが、見ず知らずの他人が、あなたのために有益な情報をくれるなどということはありません。もし、本当に有益な情報なら、他人のあなたに教える前に、自分で投資してたんまり儲けているはずです。

ところが、この手の詐欺に引っかかる人が意外と多い。例えば、「海外の租税回避地《タックスヘイブン》のプライベートバンクなら、節税できて利息もたくさんつきます」などと言われて預けたお金が、勧誘員のプライベートの寿司屋につぎ込まれていたことがわかって大騒ぎになった、という事件がありました。

「あなただけに」「タックスヘイブン」「プライベートバンキング」などという言葉は、

秘密めいてなかなか刺激的ですが、こうした言葉を多発する勧誘には要注意です。

【ポイント⑦】不安を煽る物言いに騙されるな

投資をするなら、儲かるかどうかを手っ取り早く教えて欲しいと思うのが人情です。けれど、そういうことはなかなか言わず、いっぽうで、投資をしなくてはいけない方向に追い込んでいくのが今の主流のセールストークです。

なぜなら、「儲かります」と言った途端に、金融商品取引法にふれ、最悪の場合には、10年以下の懲役若しくは1000万円以下の罰金が科せられるからです。

そこで編み出されたのが、不安を煽るセールストーク。中でも一番有効なのは、将来の不安に備えるには「投資」しかないと思い込ませること。「年金があてにならないので、老後が不安でしょう」「現金で持っていると、インフレで貨幣価値が目減りするかもしれませんよ」「早くから投資しないと、お金は増えませんよ」「今のままでは、ゆとりある生活は迎えられませんよ」などなど。そこに、さらに「老後資産は、5000万円必要」「いや、1億円必要」などという文言が加わります。

こう言われると、サラリーマンでそんな多額の貯金を持っていない人は、「大変だ、投資で増やしておかないと」ということになり、金融機関の思う壺に――。

ちなみに、生命保険文化センターのアンケートでは、実際に介護にかかっている費用は1人平均550万円なので、2人でも1100万円。医療費は、老人の場合は高額療養費制度などで負担が極端に低くなっているので、200万～300万円あれば大丈夫。つまり、葬式代も含めて1500万円あって、あとは年金の範囲内で暮らせれば、老後はなんとかなります。これで足りなかったら、高齢者の9割近くが持ち家なのですから、それを売ればいい。

カモがネギを背負って、鍋に追い込まれないようにしてください。

【結論】投資を勧める人は誰なのか。相手の顔をよく見よう

「貯蓄」から「投資」へと言いますが、それは国の思惑であり、金融機関の思惑ですすめられてきました。けれど、デフレ下の今、必ずしも「投資」があなたの生活を守ってくれるわけではありません。

しかも、「投資」で儲けようとする人が、あなたのお金に群がっているのです。まずは、投資商品と、投資を勧める人を見極める目を持つ。そんな自信はないというなら、「投資」などしなくてもいいのです。

だれも言わないのが不思議ですが、「デフレ下では、投資をしない」、それもりっぱな資産運用の選択なのです。

それでも投資をしたいなら、痛手が少ない「ちょい投資」を！

世界的な金融緩和が一段落し、アメリカが利上げを模索、欧州中央銀行も金融緩和の縮小を模索し始めています。

そんな中、方向転換できないのは日本だけ。ただ、すでに各国が景気にブレーキをかけ始めているので、先々の投資環境としてはバラ色とはいえないでしょう。

しかも、**まだ日本はデフレさえも脱却できない状況。投資を考えるなら、少なくとも日銀が「デフレ脱却宣言」をして、景気に過熱感が出てこないと難しいかもしれません。**

それでも「投資」をしたいという人は、家計に痛手を受けない範囲内の投資にとどめ

ましょう。以前、そうした投資について書いた『ちょい投資――怖がりだけど欲張りなあなたの投資講座』という本を中央公論新社から出版しましたが、「ちょい投資」とは、自分が持っている資産の中から、これから必要になりそうなお金を除いて、残ったお金で様々なものに「投資」するという趣旨のものです。そうすれば、最悪の場合は「投資」したすべてを失ってしまっても、生活に支障をきたすことはないでしょう。

例えば、老後資金を3000万円持っているとして、212ページで書いたように、年金の範囲内で生活できる人なら、現金で1500万円は介護や医療のために確保しておけば、残りの1500万円は自由に使っても構わないでしょう。そのお金は、孫たちと家族旅行に行ったり夫婦で海外旅行に行ったりできるお金ですから、その中の一部を投資資金にまわすことは可能でしょう。

それが、もし500万円だったら、500万円は投資用口座をつくって他のお金と分けること。その口座にあるお金の範囲内で、投資商品を売ったり買ったりして、増えればいいけれど、もし500万円が底をついたら、それでもう投資はやめるべきです。

また、**投資口座を生活口座と分けておけば、いま自分がトクをしているのかソンをしているのかもわかりやすく、「投資」で老後生活が蝕まれるリスクは無くなります。**

その上で、次のような3つの考え方で投資をなさってはどうでしょうか。

①他の人の役に立つような「投資」をする
②時間をかけてリスクを切り下げる「投資」をする
③「投資」の醍醐味を味わえるような「投資」をする

この3つについて、詳しく見てみましょう。

【考え方①】他の人の役に立つような「投資」

投資の理想は、自分が出したお金が世の中の役に立つ、ウィン・ウィン（Win－Win）の関係になること。

リスクが少ないものでは、自分が住んでいる地域の環境整備などに使われるお金を広く募集する「ミニ公募債（住民参加型市場公募地方債）」などがあります。地域の学校、保育園、病院、文化施設などの整備に使うお金を、広く住民から募集するもので、個人向け国債と同じように、あらかじめ応募利回りが決まっていて満期には償還され、お金を預けているあいだは利回りもつきます。利回りは０・１％程度で国債より少し良い程度ですが、具体的に地域を良くすることに自分のお金が貢献することを感じられるところがメリット。中には、リスクがあるぶん利回りが高いものもあって、２０１６年で見ると、東京都が再生可能エネルギーなどの導入のために発行した東京環境サポーター債は、オーストラリア・ドルの外債で利回りが２・74％。為替次第で目減りの可能性もあることを覚悟できるなら、東京都に住む人にとって、自分が出したお金が地域の施設の改修や太陽光発電の設置などに使われるので、役立っているという実感が持てるのではないでしょうか。

詳しくは、一般財団法人地方債協会のホームページで調べてください（http://www.chihousai.or.jp/03/03_03.html）。

リスクがあるものでは、誰かがやりたいという事業を応援する、クラウドファンディングがあります。これは、不特定多数の人がインターネット経由などで投資するもので、ネットでは様々な公募が行われています。

クラウドファンディングには、寄付型、投資型など様々なものがあって、東日本大震災などで被災した漁業者を支え、牡蠣の養殖などを再開させたファンドなどは有名です。最近は、新聞社などもクラウドファンディングのサイトを立ち上げています（例えば朝日新聞 https://a-port.asahi.com）。クラウドファンディングへの投資は、あくまで自己責任なので、確実なリターンが保証されているものではありません。

【考え方②】時間をかけてリスクを切り下げる「投資」

お金は、少額でも時間をかければ貯めることができます。投資の場合には、たぶんに「運」に左右されるので、こうした確実性は少ないですが、ただ、時間をかければリスクを減らすことはできます。

例えば、自分が将来有望だと思う会社の株を買い、その会社の株が値上がりしたら売り、値下がりしたら買い増す。１００万円で一株買い、１２０万円になったら売って20万円の儲けですが、80万円に下がったらもう一株買う。すると、二株で１８０万円なので一株あたりの購入コストは当初の１００万円ではなく90万円に下がります。

実は、時間をかけて投資することは、各金融機関も勧めています。たぶん窓口で相談すると、積立型の株（「るいとう」など）や投資信託を勧められると思います。これらはすでに書いたように、「ドル・コスト平均法」と言って、一定額を高くても安くても買い続けるというものですが、上がっても下がっても買っていくなどというのは、投資としては馬鹿馬鹿しい。金融機関を儲けさせるだけのことに終わりかねません。

もし時間をかけた投資をしたいと思ったら、金融機関になど相談せず、自分で投資商品を決め、それを下がった時だけ買うということにすれば、購入コストは次第に切り下がっていきます。

どんな投資信託を買えばいいのかわからないというなら、日経平均などに連動するインデックスファンドを買えばいいでしょう。日経平均が下がったら買い、さらに下がったら買うという方法で増やしていけばいいのです。インデックスファンドの場合、シンプルでわかりやすいということと、持っている間に引かれる手数料にあたる信託報酬が安いことも他の投資信託と比べて少しマシです。

長期的に投資をしようと思ったら、ある程度の資金も必要です。１００万円のものを買って、80万円になったらまた買い、70万円になったらまた買うという方法ですから、スタートは少なくとも手持ち資金の10分の１か20分の１くらいからにしましょう。

若い方なら、ボーナスの一部で投資商品を買い増していくといったルールを自分なりに作ってもいいかもしれません。

【考え方③】「投資」の醍醐味を味わえるような「投資」

私は昔から、皆さんにはあまり「投資」をお勧めしてきませんでした。けれど、私自身は、40年近く、様々な「投資」をしてきました。それなのに、なぜ皆さんにお勧めしないのかといえば、「投資」＝「ギャンブル」ということを、身銭を切って学んできたからです。

「ギャンブル」というのは、余裕がある人がやるもので、普通に働いていたら失ってもいいお金などそれほどないはずです。また、「投資」には、お金だけでなく、情報を集めたり分析する時間も必要。でも、一生懸命に汗水垂らして真面目に働いていたら、そんな時間の余裕はないかもしれません。

ただ、それでもどうしても「投資」をしたいというなら、まずインターネットで株を1つ買ってみるといいでしょう。他人から勧められるのではなく、自分が「これ」と思った会社の株を1つ買ってみる。それが、「投資」を理解する早道です。たぶん何冊もの本を読むよりも、「投資」というものに実感を持てると思います。

その株が上がれば嬉しいですが、株ですから下がることもある。100万円で買った株が50万円になった時に、「しめしめ安くなったぞ。あと100万円出せば今度は2株買える」と思える人は、「投資」向きかもしれません。けれど、「50万円も損をしてしまった」と寝込んでしまうような人は「投資」には向いていませんから、50万円は勉強代だと思ってさっさと株を売り、二度と「投資」などしないほうがいいでしょう。

「初心者なのに、いきなり株というのはハードルが高すぎないか」と思う方もおられると思います。なぜなら、「初心者だと、リスクが高い株にいきなり手をだすよりも、リスクが少ない投資信託の方がいいですよ」という金融機関の無責任な言葉を鵜呑みにしてしまっている人が多いからです。けれど、生半可に投資信託など買うよりも、インターネットで株を買ったほうがいい。なぜなら、リスクがよく見えない投資信託に比べて、リアルタイムで値動きする株は、リスクがわかりやすい。株は、「投資」を理解するには格好の材料で、自分の判断で行うのですから自己責任という言葉もリアルになります。

また、投資信託は持っている間はずっと信託報酬という手数料を取られ続けますが、株は持っている間は逆に配当金をもらえます（配当の有無は株にもよります）。

さらに、何よりもいいことは、「投資」で一番大切な世の中の流れを自分なりに読めること。自分で情報を集め、分析して、将来性を考えて銘柄を選ぶという「投資」の基本が身につくし、かつ「投資」の醍醐味も味わえるからです。

大切なのは、インターネットで投資するということ。株を買う時には、同じ銘柄なら、インターネットで買ったほうが手数料は安いし、リアルタイムで素早い投資ができます。「投資」の世界は、早い者勝ちですから、情報をキャッチしたらいち早く動けないとダメ。そのためにも、インターネットという武器が必要です。

最終結論――「投資をしなくては」という呪縛を解きなさい

繰り返しますが、「投資」などしなくても、デフレの中では今あるお金を目減りさせなければいいのです。「投資をしないと将来が不安になる」などということはありません。政府や金融機関や専門家が口を揃えて、「投資をしなければダメ」というので、そう思い込んでしまっている人も多いようです。けれど、今ある財産を無事に保全するために、「投資」をしないという選択もあるのです。

そして、その「投資」をしないという選択をしたほうが幸せに暮らしていけるという人も多くいます。

まずは「投資」をしなくてはいけないという呪縛から解き放たれ、改めて、自分は「投資」に向いているかどうかの第一歩から問い直してください。

荻原博子　1954（昭和29）年、長野県生まれ。大学卒業後、経済事務所勤務を経て独立。以降、経済ジャーナリストとして活動。著書に『隠れ貧困』『10年後破綻する人、幸福な人』など多数。

Ⓢ新潮新書

733

投資《とうし》なんか、おやめなさい

著　者　荻原博子《おぎわらひろこ》

2017年9月20日　発行
2017年11月15日　5刷

発行者　佐藤隆信

発行所　株式会社新潮社
〒162-8711　東京都新宿区矢来町71番地
編集部(03)3266-5430　読者係(03)3266-5111
http://www.shinchosha.co.jp

図版製作　ブリュッケ
印刷所　株式会社光邦
製本所　株式会社大進堂

ISBN978-4-10-610733-7　C0233

価格はカバーに表示してあります。